생각하면
쉬운 수학

3단계

초등 교과 과정 연계

수와 연산 영역	분수의 체계(3-1, 3-2), 세 자리 수 이하의 덧셈과 뺄셈(1, 2, 3학년), 자연수의 곱셈과 나눗셈(3-1, 3-2)
도형 영역	도형의 기초(3-1)
측정 영역	시간, 길이, 들이, 무게, 각도(3-1, 3-2)
규칙성 영역	규칙 찾기(2-2), 규칙을 수나 식으로 나타내기(3-2, 4-1)
자료와 가능성 영역	분류하기(2-1, 3-2)

수학 교과 역량

문제 해결 역량	식 세우기, 모델링하기, 문제 변형하기
추론 역량	관찰하고 추측하기, 형식화하기, 규칙 찾기
창의·융합 역량	많은 해결 방법이나 해답 찾아보기
의사소통 역량	그림, 식, 표 등으로 나타내기
정보 처리 역량	계산기 등 공학적 도구 활용하기
태도 및 실천	수학에 대해 관심과 흥미 가지기

생각하면 쉬운 수학

3단계

주니어 RHK

추천의 글

4차 산업혁명 시대에 필요한
수학 역량을 길러 주는 책

　새롭게 만들어진 수학 교육 과정은 실생활 중심의 여러 문제들을 스스로 해결함으로써 학생들이 수학을 긍정적으로 생각할 수 있는 기회를 제공하는 것에 강조점을 두고 있습니다. 이렇게 교육 과정의 방향이 바뀐 것은 4차 산업혁명 시대에 필요한 문제 해결, 추론, 창의·융합, 의사소통, 정보 처리 등 다양한 수학적 역량을 학생들에게 길러 주기 위함입니다.

　〈생각하면 쉬운 수학〉 시리즈를 집필한 선생님들은 새로운 교육 과정에서 아이들에게 길러 주려고 하는 수학 역량을 이 책에 모두 담아, 수학의 숨은 이야기를 부모님과 나누고, 학교에서 배웠지만 헷갈리거나 어려웠던 문제를 다시 생각해 보고 해결해 봄으로써 의사소통 역량을 기를 수 있도록 구성하였습니다.

　더불어 여러 개의 답이 있을 수 있고, 다양하게 생각할 수 있는 문제를 해결하면서 '하나밖에 없는 정답을 알아내야 해. 그래서 수학은 어려워.'라는 생각을 버릴 수 있습니다. 이 과정에서 아이들은 창의·융합적인 역량을 기를 수 있습니다.

　수학을 게임처럼, 즐겁고 흥미롭게 여기게 되면 아이들은 수학에 대해 긍정적인 생각을 가질 수 있습니다.

　〈생각하면 쉬운 수학〉 시리즈를 가정에서 부모님과 자녀가 함께 보고 이야기 나누면서 한 문제씩, 한 단계씩 해결해 보았으면 합니다.

2015 개정 초등 수학 교과서 집필진 박경연

머리말

수학을 왜 배울까요?

여러분은 한 번쯤 '누가 수학을 만들었을까?' 또는 '수학은 왜 배워야 하지?'라는 생각을 해 본 적이 있을 거예요. 수학을 가르치는 선생님들도 수학을 왜 가르쳐야 하는지 고민이 많았답니다. 하지만 이제는 자신 있게 대답할 수 있어요.

수학은 생각하는 힘을 키우기 위해서 배워요!

수학은 단순히 계산하는 학문이 아니에요. 여러분의 부모님이 수학을 배울 때는 한 가지 방법으로 하나의 정답을 찾는 게 수학이었어요. 하지만 지금은 다양한 관점에서 여러 가지 방법으로 여러 답을 찾아내는 것이 수학이지요. 예전보다 창의적이고 폭넓은 접근이 필요한 거예요.

주어진 상황에서 공통점과 차이점을 찾거나, 주어진 규칙을 적용해서 예상해 보거나, 여러 가지 방법으로 차근차근 문제를 해결하다 보면 생각하는 힘이 자라요. 이렇게 자라는 생각하는 힘이 바로 '수학적 사고력'이랍니다.

〈생각하면 쉬운 수학〉 시리즈는 여러분의 사고의 흐름에 따라, 또 수학의 역사를 따라 책을 읽으며 다양한 방법으로 문제를 풀어 보는 새로운 형태의 수학책이에요. 어떻게 공부를 해야 사고력을 키울 수 있을지 막막한 친구들에게 도움이 될 거예요.

〈생각하면 쉬운 수학〉 시리즈를 통해 수학의 재미에 빠지고 수학적 사고력도 얻을 수 있길 기대합니다.

어린이를 위한 수학교육연구회

책을 읽기 전에

수학은 창의적으로
생각해 푸는 것!

2015년 개정 교육 과정은 다가오는 4차 산업혁명에 대비하여 아이들을 창의적이고 융합적인 인재로 키우자는 게 그 목표입니다. 그중 수학 교과의 개정 방향은 ==학습의 부담을 낮추고, 수학 개념을 제대로 익히며, 실생활 중심의 통계 내용을 보여 주면서, 공학적 도구의 활용을 강조한다==는 것입니다. 기존의 초등 수학 교육 방식보다 아이들이 조금 더 수학을 쉽고 재미있게 접하는 방안으로 구성되었다고 볼 수 있지요.

'발명'이라고 하면 세상에 없던 것을 뚝딱 만들어 내는 것 같지만, 사실은 원래 있던 것을 조금 다르게 생각해 보는 것뿐이에요. 발명의 기법으로 쓰이는 창의적인 생각 방법으로 '창의적 문제 해결 방법론'이라는 말의 러시아어 약자인 트리즈(TRIZ)라는 게 있어요. 그 방법을 정리하면 다음과 같아요.

1. 쪼개라! 2. 합쳐라! 3. 핵심만 뽑아라! 4. 거꾸로 생각해라!

예를 들면, 크기가 큰 두부를 쓸 만큼만 작게 잘라 나누어서 파는 것, 또는 근시와 원시 렌즈를 하나의 안경으로 합쳐서 쓰는 것 등이지요.

'수학은 원래 창의적으로 생각해 푸는 것'이라고 생각하는, 수학 교과서 집필에 참여하기도 했던 초등학교 선생님들은 =='쪼개는 건 빼기, 합치는 건 더하기, 핵심만 뽑는 건 약분, 거꾸로 생각하는 건 분수 계산하기'==와 다를 바 없다고 생각했어요.

그래서 이 책에 그 모든 것을 담았답니다!

이야기 수학
이야기를 더하자!

이게 수학 이야기라고요?

이렇게 들으니 수학이 숫자로만 이루어진 문제집이 아니라, 재미있는 이야기였지 뭐예요! 옛이야기처럼 듣는 수학 이야기로 수학 개념을 확실하게 배워 봐요!

학교 수학
어려움은 빼야지!

학교 수학은 어렵고 딱딱하다?

이런 게 우리가 학교에서 배운 수학이라고요? 이거라면 학교에서 보는 시험은 물론이고, 일상생활에서 수학이 필요할 때면 언제라도 쓸 수 있을 거예요!

추론 수학
같은 것을 찾아라!

탐정과 수학자는 같은 걸 잘한다?

무슨 얘기냐고요? 탐정과 수학자 모두 주어진 사실을 조합해 궁리한 다음 문제를 해결해야 하기 때문이에요! 왼쪽과 오른쪽이 같다는 걸 찾아내는 거랍니다.

다답 수학
답은 하나가 아니야!

답이 여러 개인데 문제가 잘못된 거 아니냐고요?

절대 아니에요. 답이 여러 개일 수 있어요. 답이 여러 개인 수학 문제를 푸는 재미를 찾고 자신만의 답을 찾는 창의성을 키워 보세요!

퍼즐·게임 수학
재미는 나누자!

게임을 하며 놀면 수학 실력이 는다고요?

게임에서 이기려면 수학 실력을 더욱더 갈고 닦아야 해요! 친구들과 신나게 놀면서 수학 실력을 맘껏 발휘해 보세요!

이 책의 5가지 구성

차례

추천의 글 … 4
머리말 … 5
책을 읽기 전에 … 6

이야기 수학

1 여러 가지 곱셈법 … 12
   ❶ 고대 이집트 사람들의 곱셈법
   ❷ 인도의 겔로시아 곱셈법

2 이항복을 따라해 보아요 … 16

3 파스칼 삼각형에서
   규칙을 찾아요 … 18

4 호루스의 눈 … 23

5 단위에 대하여 … 28
   ❶ 1999년, 탐사선이 사라지다
   ❷ 되로 주고 말로 받는다?

학교 수학

1 사칙 연산 탐구하기 … 34
   ❶ 덧셈
   ❷ 뺄셈
   ❸ 곱셈
   ❹ 나눗셈

2 도형 만들기 … 49

3 들이의 합과 차 … 52

4 재미있는 수학 동시 … 54

추론 수학

1 연속한 수의 합 … 58
   ❶ 연속한 세 수의 합
   ❷ 연속한 여러 수의 합

2 모두 몇 개일까요? … 62
   ❶ 각은 모두 몇 개일까요?
   ❷ 정사각형은 모두 몇 개일까요?

- **3** 수를 찾아요 ··· 67
  - ❶ 가면 속에 숨어있는 수는?
  - ❷ 비밀번호 찾기
  - ❸ 나는 누구일까요?
  - ❹ 분수 막대를 이용하여 값을 찾아요

- **4** 논리적으로 추리해요 ··· 76
  - ❶ 가장 옳게 말한 사람은 누구?
  - ❷ 표를 이용하여 해결해요

다답 수학

- **1** 세 자리 수의 덧셈 만들기 ··· 84
- **2** 식 만들기 ··· 87
- **3** 나눗셈의 의미 ··· 89
  - ❶ 알쏭달쏭 아이스크림 나누기
  - ❷ 송희와 서형이의 도넛 나누기
- **4** 분수의 크기 ··· 94
  - ❶ 분수만큼 색칠하기
  - ❷ 분수의 크기 비교하기
  - ❸ 같은 양을 여러 방법으로 표현하기
- **5** 무게의 합과 차 ··· 98

퍼즐·게임 수학

- **1** 알파벳 퍼즐 ··· 102
  - ❶ 신비한 V 퍼즐
  - ❷ 신비한 H 퍼즐
- **2** 네모네모 곱셈 퍼즐 ··· 109
- **3** 수학 게임 ··· 111
  - ❶ 곱셈 땅따먹기
  - ❷ 나눗셈 빙고
  - ❸ 달려라, 분수 기차!

이야기 수학
이야기를 더하자!

1. 여러 가지 곱셈법

❶ 고대 이집트 사람들의 곱셈법

고대 이집트 사람들의 곱셈은 아주 쉬워요. 덧셈과 어떤 수를 2배한 값만 알면 되기 때문이지요. 그러면 고대 이집트 사람들의 곱셈법을 배워 볼까요?

고대 이집트 사람들은 조금 특별한 덧셈을 했어요. 그들은 곱셈을 하기 위해서 1과 2, 4, 8, 16처럼 2를 여러 번 곱해 나온 수들을 가지고 덧셈을 했어요. 함께해 보고 그들이 무엇을 발견했는지 우리도 알아볼까요?

1	1	2	2
3	1+2	4	4
5	1+4	6	2+4
7	1+2+4	8	8
9	1+8	10	2+8
11	1+2+8	12	4+8
13	1+4+8	14	2+4+8
15	1+2+4+8	16	16

옆의 표를 한번 살펴봐요. 16보다 더 큰 수들을 가지고 해도 같은 결과를 얻을 수 있어요.

고대 이집트 사람들이 이 결과를 통해 발견한 것은 바로 "모든 수는 1과 2, 4, 8, 16처럼 2를 여러 번 곱해 나온 수들의 합으로 표현할 수 있다"는 것입니다. 흥미롭지요?

> **도전 I** 1과 2, 4, 8, 16의 합으로 다음 수들을 표현해 보세요.
>
> ❶ 25 (   )   ❷ 30 (   )

지금까지 고대 이집트 사람들이 곱셈을 할 때 사용한 덧셈에 대해서 알아보았어요. 이제 그들이 사용한 곱셈에 대해서 알아보도록 할게요.

고대 이집트 사람이 되어서 15×13의 곱셈을 해 볼까요? 앞의 표를 살펴보면 13=1+4+8로 나타낼 수 있어요.

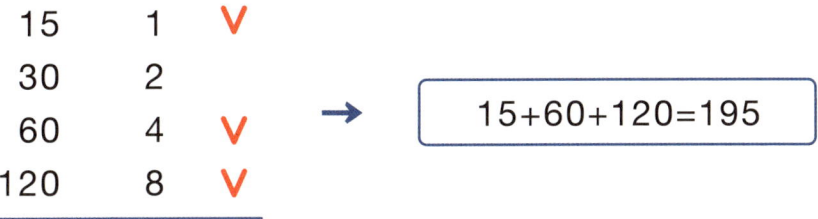

오른쪽에 1, 2, 4, 8(모두 위의 수를 2배한 값입니다)을 순서대로 쓴 후 13을 만들 수 있는 1, 4, 8의 오른쪽 옆에 ∨ 표시를 해요. 왼쪽에는 15, 15×2=30, 30×2=60, 60×2=120을 써요. ∨ 표시가 되어 있는 곳의 왼쪽 수를 모두 더한 값(15+60+120=195)이 15×13의 값이 됩니다.

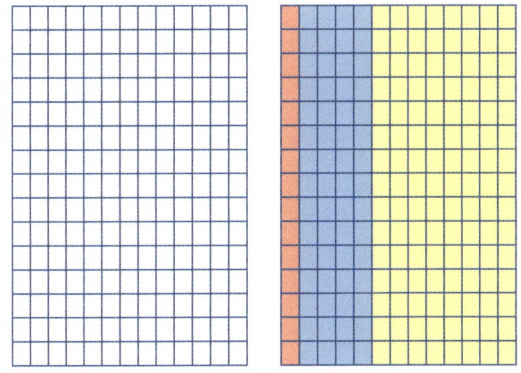

15×13을 그림으로 표현하면 왼쪽과 같지요. 이것을 고대 이집트 사람들의 방법대로 표현하면 오른쪽과 같은 것입니다. 이제는 이해할 수 있겠지요?

> **도전 2** 다음 곱셈을 고대 이집트 사람들의 방법으로 구해 보세요.
>
> ❶ 12×5　　　　❷ 14×11

❷ 인도의 겔로시아 곱셈법

겔로시아는 격자를 뜻하는 말이에요. 즉, 겔로시아 곱셈법은 격자를 이용한 곱셈법이지요. 인도의 수학자 바스카라 2세는 《싯단타슈로마니》라는 천문학책을 썼습니다. 이 책에는 수학에 관한 두 단원이 있는데, 그중 하나가 《릴라바티》입니다. 《릴라바티》와 다른 인도의 수학책에 겔로시아가 등장했기 때문에 겔로시아 곱셈법은 인도의 방법이라 여겨지고 있어요.

그럼 본격적으로 겔로시아 곱셈법을 탐구해 볼까요?

겔로시아 곱셈법을 이용하여 15×23의 값을 구하는 방법을 알아보도록 해요.

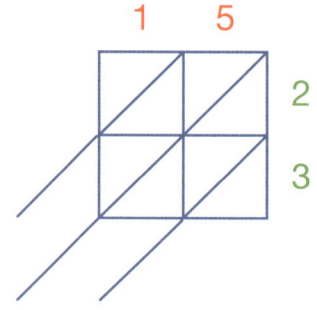

먼저 위와 같이 격자 모양을 그려요. 그리고 위쪽에는 15를, 오른쪽에는 23을 위와 같이 씁니다.

왼쪽 위 칸에는 1×2의 값을, 오른쪽 위 칸에는 5×2의 값을, 왼쪽 아래 칸에는 1×3의 값을, 오른쪽 아래 칸에는 5×3의 값을 15쪽의 그림처럼 각 칸에 써요.

각 화살표 방향을 따라 각 칸에 있는 수를 더하여 그림과 같이 왼쪽에 쓰면, 15×23의 값은 345가 되지요.

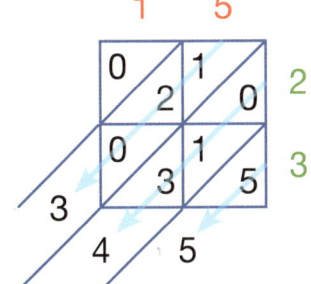

겔로시아 곱셈법은 격자를 그려야 하는 불편함이 있지만 구구단만 알면 곱셈을 쉽게 해결할 수 있다는 장점도 있어요.

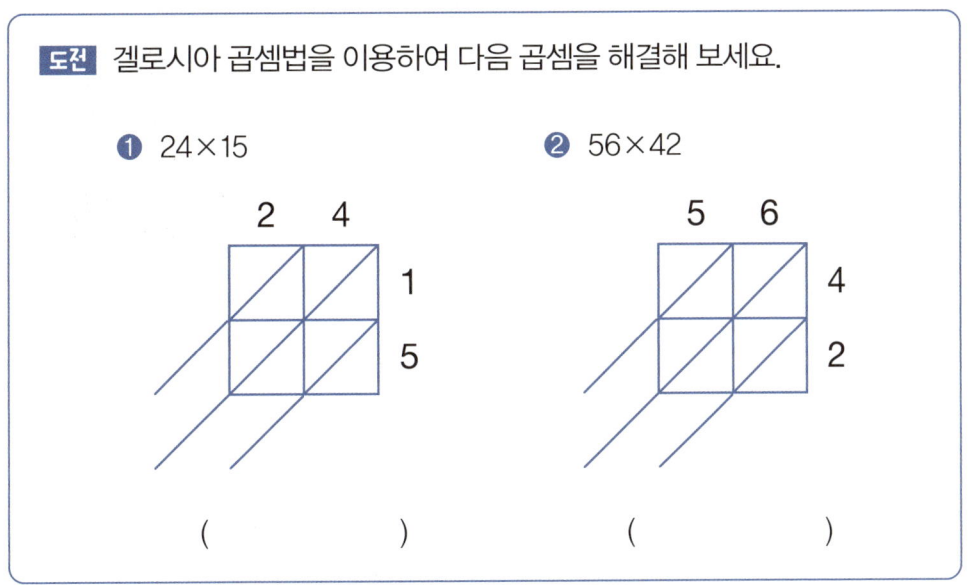

2. 이항복을 따라해 보아요

　이항복은 조선 시대의 유명한 학자입니다. 어렸을 적 매우 영특하고 개구쟁이였던 이항복에 관한 많은 일화가 있어요. 그중에는 수학과 관련된 일화도 있지요. 어렸을 때 이항복은 매일 장난을 치며 노는 것만 좋아했어요. 학문을 게을리 하는 것을 걱정한 이항복의 아버지는 콩 한 말을 내주시면서 오늘 안으로 콩 한 말에 콩이 모두 몇 개나 들어 있는지 세어 놓으라고 하셨어요.

　이날도 이항복은 친구들과 저녁 늦게까지 놀았어요. 그러나 콩이 모두 몇 개인지 다 세었느냐는 아버지의 물음에 이항복은 자신 있게 "네."라고 대답했어요. 과연 어떻게 한 것일까요?

　이항복은 그릇 하나에 콩을 담은 후 그 콩의 개수를 세어 보았어요. 그리고 그 그릇으로 콩 한 말을 모두 몇 번 담을 수 있는지 세었어요. 마지막으로 그 두 수를 곱하여 콩 한 말에 들어 있는 콩의 개수를 구했답니다.

(콩 한 말에 들어 있는 콩의 개수)
=(그릇에 들어가는 콩의 개수)×(그릇에 콩을 담은 횟수)

우리도 이항복을 따라해 볼까요?

> **도전** 콩 한 봉지와 여러 크기의 그릇이 있습니다. 빈칸에 알맞은 수를 써넣으세요.
>
>
>
> ❶ A 그릇에 들어가는 콩의 개수는 132개이고 A 그릇에 콩을 담은 횟수는 3번, 그리고 봉지에 남은 콩은 24개입니다. 따라서 콩 한 봉지에 들어있는 콩은 약 ☐ 개입니다.
>
> ❷ B 그릇에 들어가는 콩의 개수는 약 ☐ 개이고 B 그릇에 콩을 담은 횟수는 9번, 그리고 봉지에 남은 콩은 15개입니다.
>
> ❸ C 그릇에 들어가는 콩의 개수는 105개이고 C 그릇에 콩을 담은 횟수는 ☐ 번, 그리고 봉지에 남은 콩은 없습니다.

물론 이항복이 계산한 방법이 정확한 콩의 개수를 구할 수 있는 방법은 아니에요. 그러나 정확한 개수를 세려면 시간이 매우 오래 걸렸겠죠? 이항복은 자신만의 방법으로 콩의 개수를 어림했답니다. 우리도 실생활에서 어림을 많이 사용해요. 수 감각과 공간 감각을 길러서 가장 근접하게 어림할 수 있는 방법을 찾아내는 것도 수학적 사고력을 기르는 방법이랍니다.

3. 파스칼 삼각형에서 규칙을 찾아요

　수학자 블레즈 파스칼은 1623년에 프랑스 오베르뉴 지방 클레르몽페랑에서 태어났어요. 일찍 어머니를 여의고 아버지와 파리에서 생활했지요. 몸이 허약하여 교육도 제대로 받지 못한 파스칼이었지만 파스칼의 아버지는 파스칼의 수학적 재능을 알아보고 여러 가지 책을 공부할 수 있도록 도와주었다고 해요.

　이 책에서는 파스칼 삼각형에 대해서 알아보려고 하는데 파스칼 삼각형은 파스칼이 가장 먼저 만든 것은 아니라고 해요. 수 세기 전에 여러 사람이 연구한 것을 파스칼이 체계적으로 정리했기 때문에 오늘날 파스칼 삼각형이라고 불리고 있답니다.

　본격적으로 파스칼 삼각형에 대해 알아볼까요? 파스칼 삼각형은 각 줄의 맨 앞과 맨 뒤에 1을 쓰고 위에 있는 두 수를 더하여 아래의 수를 나타낸 삼각형입니다. 다음 설명을 보면 쉽게 이해할 수 있지요.

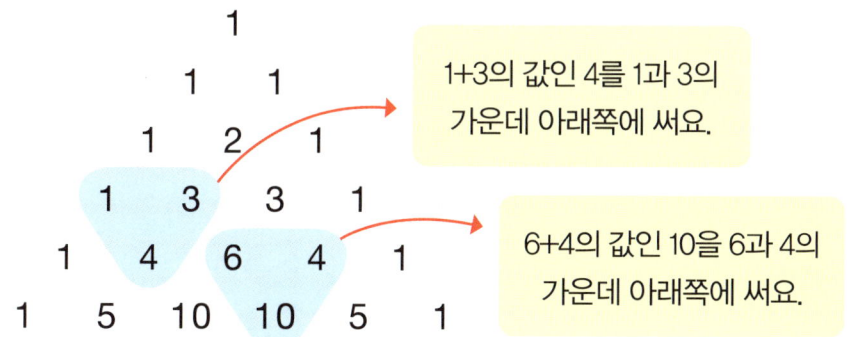

파스칼 삼각형의 규칙을 이해했다면 다음 문제를 해결해 볼까요?

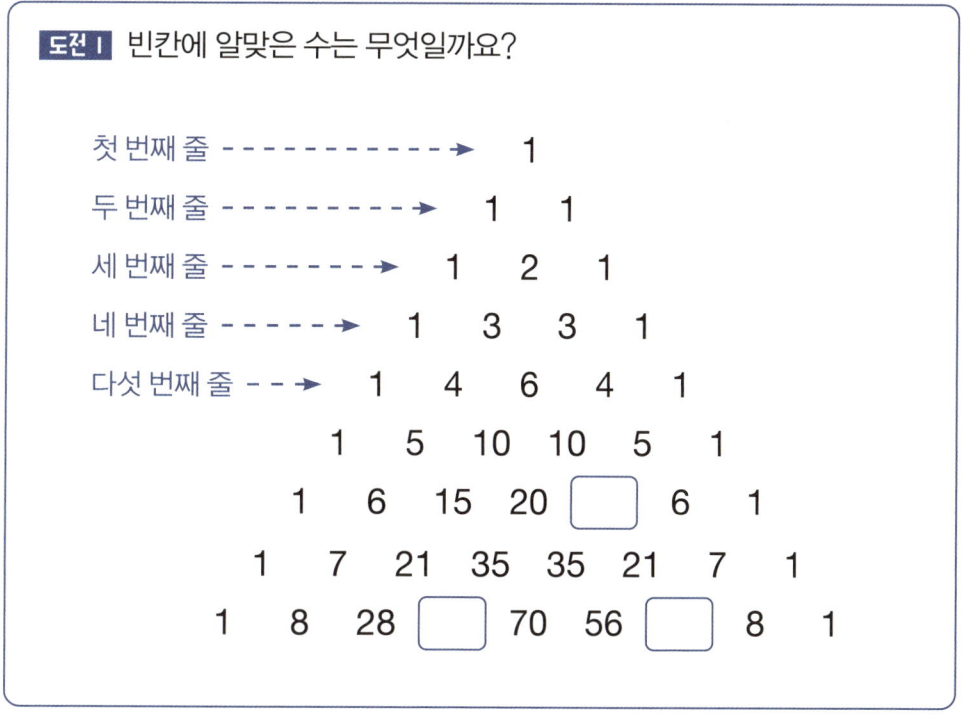

우리는 파스칼 삼각형에서 여러 가지 규칙을 찾아낼 수 있습니다. 먼저 파스칼 삼각형을 반으로 접으면 같은 수끼리 만나게 됩니다. 좌우 대칭이지요. 가로줄에 있는 수들은 1개, 2개, 3개…… 와 같이 1개씩 늘어납니다.

이번에는 가로줄에 있는 수의 합을 구해 보세요.

			1				→ 1
		1		1			→ 1+1=2
		1	2	1			→ 1+2+1=4
	1	3		3	1		→ 1+3+3+1=8
	1	4	6	4	1		→ 1+4+6+4+1=16
1	5	10		10	5	1	→ 1+5+10+10+5+1=32

가로줄에 있는 수의 합과 관련된 규칙에는 무엇이 있을까요?

$$1 \times 2 = 2 \quad 2 \times 2 = 4 \quad 4 \times 2 = 8$$
$$8 \times 2 = 16 \quad 16 \times 2 = 32$$

아랫줄에 있는 수의 합은 윗줄에 있는 수의 합의 2배 가 됩니다.

$$4 = 2 \times 2 \quad 8 = 2 \times 2 \times 2 \quad 16 = 2 \times 2 \times 2 \times 2$$
$$32 = 2 \times 2 \times 2 \times 2 \times 2$$

세 번째 줄부터 가로줄에 있는 수의 합은 2의 곱으로만 나타낼 수 있습니다.

이번에는 대각선을 살펴볼까요?

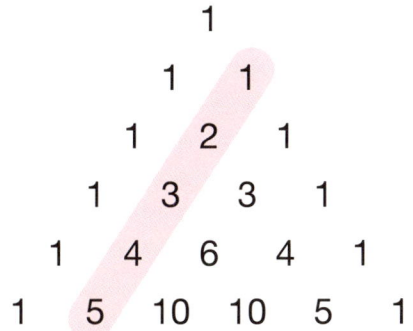

두 번째 대각선에 있는 수들은 1, 2, 3, 4, 5…… 로 1씩 커지는 규칙이 있네요. 또 어떤 규칙을 찾을 수 있을까요? 혹시 피타고라스의 삼각수를 기억하고 있나요? 파스칼 삼각형에서도 삼각수를 찾을 수 있어요. 대각선을 잘 살펴보세요.

도전 2 파스칼 삼각형에서 삼각수를 찾아 표시해 보세요.

```
            1
          1   1
        1   2   1
      1   3   3   1
    1   4   6   4   1
  1   5  10  10   5   1
1   6  15  20  15   6   1
1  7  21  35  35  21   7   1
```

도전 3 다음은 파스칼 삼각형의 일부입니다. 빈칸에 들어갈 알맞은 수를 써 넣으세요.

$$
\begin{array}{c}
1 \\
1 \quad 1 \\
1 \quad 2 \quad 1 \\
1 \quad 3 \quad 3 \quad 1 \\
\vdots \\
1 \quad 9 \quad \boxed{} \quad 84 \quad 126 \quad 126 \quad 84 \quad \boxed{} \quad 9 \quad 1
\end{array}
$$

4. 호루스의 눈

고대 이집트는 오시리스 왕이 다스리던 평화로운 나라였어요. 그러나 오시리스의 동생 세트는 형을 시기하고 왕의 자리를 호시탐탐 노리고 있었죠. 결국 세트는 오시리스를 죽이고 왕이 됩니다.

세월이 흘러 오시리스의 아들인 호루스는 어른이 되었어요. 호루스는 세트에게 복수를 하고 왕의 자리를 돌려받아 아버지의 뒤를 이으려고 했지요. 결국 세트는 호루스에게 항복을 하게 되지만, 이 전쟁에서 호루스는 한쪽 눈을 잃게 됩니다.

호루스가 너무 안타까웠던 지혜의 신 토트는 호루스를 도와주기로 했죠. 토트는 호루스의 깨진 눈 조각을 모두 모았어요. 이것이 바로 호루스의 눈이랍니다.

이제 호루스의 눈을 살펴볼까요?

이집트 사람들은 호루스의 눈 전체를 1로 보고, 각 부분을 분수로 나타냈어요. 그런데 그 분수들에는 많은 비밀이 숨겨져 있답니다. 그럼 비밀을 파헤쳐 볼까요?

호루스의 눈과 관련된 분수를 분모의 크기가 작은 것부터 순서대로 나열한 것을 보고 물음에 답하세요.

$$\frac{1}{2} \quad \frac{1}{4} \quad \frac{1}{8} \quad \frac{1}{16} \quad \frac{1}{32} \quad \frac{1}{64}$$

1 분자의 특징을 찾아 써 보세요.

2 분모의 특징을 2개 이상 찾아 써 보세요.

분모의 특징을 찾았다면 다음 문제에 도전할 수 있겠죠?

도전 1 분수를 분모의 크기가 작은 것부터 순서대로 나열한 것을 보고 물음에 답하세요.

$$\frac{1}{2} \quad \frac{1}{4} \quad \frac{1}{8} \quad \frac{1}{16} \quad \frac{1}{32} \quad \frac{1}{64} \quad ?$$

❶ 다음에 올 분수는 무엇일까요?　　　　　　　　　(　　　)

❷ 열 번째에 올 분수는 무엇일까요?　　　　　　　　(　　　)

이집트 사람들은 호루스의 눈 전체를 1로 보았다고 하였어요.

그런데 잠깐! 각 부분의 분수를 모두 더하면 정말 1이 될까요? 지금부터 살펴보도록 해요.

$$\frac{1}{2} + \frac{1}{4} + \frac{1}{8} + \frac{1}{16} + \frac{1}{32} + \frac{1}{64} = ?$$

어려워 보인다고요? 다음의 설명을 잘 따라가면 쉽게 이해할 수 있을 테니, 너무 걱정하지 마세요.

호루스의 눈에 있는 분수들의 크기를 나타내면 다음과 같아요.

그림 $\frac{1}{2} + \frac{1}{4} + \frac{1}{8} + \frac{1}{16} + \frac{1}{32} + \frac{1}{64}$ 을 그림으로 나타내 볼까요?

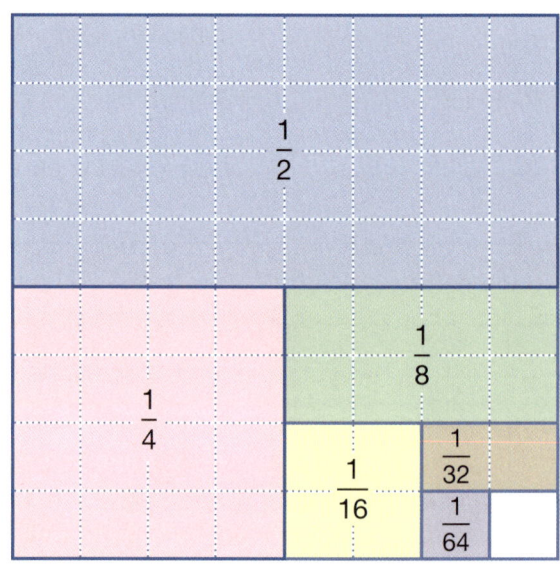

이런 그림으로 나타낼 수도 있어요. 전체 크기가 1인 정사각형입니다.

앗! $\frac{1}{2} + \frac{1}{4} + \frac{1}{8} + \frac{1}{16} + \frac{1}{32} + \frac{1}{64}$ 의 값이 1이 되지 않네요. 조금 모자라 군요.

도전 2 여기서 문제! 얼마나 더 있어야 1이 될까요?

(   )

그럼 $\frac{1}{2}+\frac{1}{4}+\frac{1}{8}+\frac{1}{16}+\frac{1}{32}+\frac{1}{64}$ 의 값은 1에서 모자란 부분만큼을 빼는 방법을 이용하여 계산해도 되겠네요.

도전 3 ☐ 안에 알맞은 분수를 써넣어 보세요.

$$1 - \boxed{} = \boxed{}$$

참고!

1은 $\frac{64}{64}$로 바꾸어서 계산해 보세요.

전체(1)에서 모자란 부분을 빼면 $\frac{1}{2}+\frac{1}{4}+\frac{1}{8}+\frac{1}{16}+\frac{1}{32}+\frac{1}{64}$ 의 값을 알 수 있습니다.

고대 이집트 사람들은 모자라는 만큼은 지혜의 신 토트가 채워 준다고 믿었다고 해요. 혼자서 완전한 사람은 없습니다. 여러분 곁에도 친구, 가족 등 여러분의 부족함을 채워 줄 누군가가 함께 있을 거예요. 여러분도 누군가의 부족함을 채워 줄 수 있는 소중한 존재라는 사실을 꼭 잊지 마세요!

5. 단위에 대하여

❶ 1999년, 탐사선이 사라지다

 1999년 9월 23일, 미국 항공 우주국 나사(NASA)에서 발사한 화성 기후 탐사선이 폭발하는 사고가 발생했어요. 사고 원인은 바로 미터법 오류였습니다. 화성 기후 탐사선을 만든 팀이 야드파운드법으로 작성한 정보를 나사의 조종 팀이 미터법으로 착각해서 벌어진 일이었죠. 결국 이 화성 기후 탐사선은 잘못된 궤도로 진입하게 되었고 대기 압력과 마찰을 견디지 못해 폭발하고 말았답니다.

 이런 일은 왜 생긴 걸까요? 바로 나라마다 사용하는 단위가 달랐기 때문이랍니다. 우리나라에서는 옛날에 척(자), 치(촌), 푼 등의 길이 단위와 관, 근, 냥 등의 무게 단위 그리고 홉, 되, 말 등의 부피 단위를 사용했어요.
 영국과 미국에서는 야드파운드법을 사용했답니다. 야드파운드법에서는 야드(yd), 피트(ft), 인치(in) 등의 길이 단위와 파운드(lb), 온스(oz), 톤(t) 등의 무게 단위 그리고 갤런(gal) 등의 부피 단위를 사용해요. 이제 영국에서

는 이 측정법을 사용하지 않지만 미국에서는 여전히 사용하고 있답니다.

현재 대부분의 국가에서 미터법을 사용하고 있어요. 미터법에서는 길이를 잴 때는 미터(m), 킬로미터(km), 센티미터(cm) 등을 사용하고 무게를 잴 때는 그램(g), 킬로그램(kg) 등, 들이를 잴 때는 리터(L), 밀리리터(mL) 등의 단위를 사용해요.

단위의 크기는 국가나 지역, 시대에 따라 다르기 때문에 혼란을 가져올 수 있어요. 예전에 사용했던 익숙한 단위를 사용하는 경우도 있지만, 전문적인 일이나 여러 국가가 함께 하는 일과 관련했을 때에는 공통된 측정법을 사용해야겠죠?

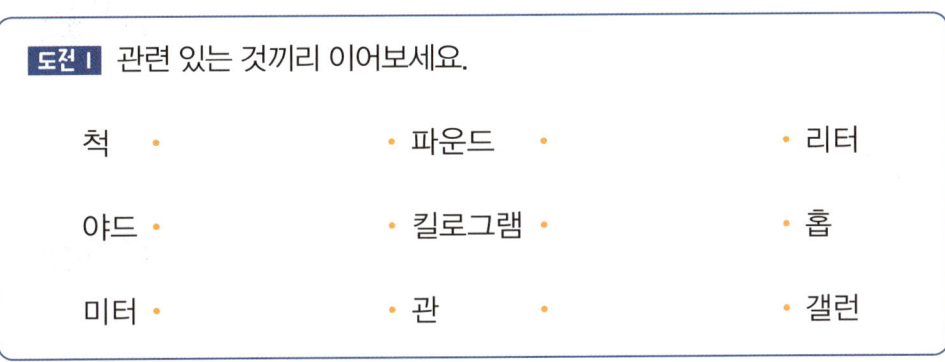

도전 1 관련 있는 것끼리 이어보세요.

척 ・　　　・ 파운드 ・　　　・ 리터

야드 ・　　　・ 킬로그램 ・　　　・ 홉

미터 ・　　　・ 관　　　・　　　・ 갤런

도전 2 야드파운드법에서 사용하는 길이 단위 사이의 관계가 다음과 같다고 할 때, 1야드는 몇 인치입니까?

1야드 = 3피트　　　1피트 = 12인치

(　　　　　)인치

❷ 되로 주고 말로 받는다?

우리나라에는 '되로 주고 말로 받는다'라는 속담이 있어요. 이 속담의 숨은 뜻은 무엇일까요? 다음 만화를 살펴봅시다.

되와 말은 우리 조상들이 곡식의 양을 잴 때 사용하던 단위입니다. 그렇다면 되와 말 중 어떤 것이 더 큰 단위일까요? 만화를 잘 보면, 되보다는 말이 더 큰 단위라는 사실을 알 수 있습니다. '되로 주고 말로 받는다'라는 속담은 적은 것을 주고 더 많은 것을 받는다는 뜻이랍니다.

그렇다면 우리 조상들은 곡식의 양을 잴 때 되와 말이라는 단위만 사용했을까요? 아니랍니다. 홉, 되, 말, 섬 등의 단위를 사용했어요. 홉, 되, 말, 섬의 크기를 비교해 보면 10홉은 1되, 10되는 1말, 10말은 1섬이랍니다.

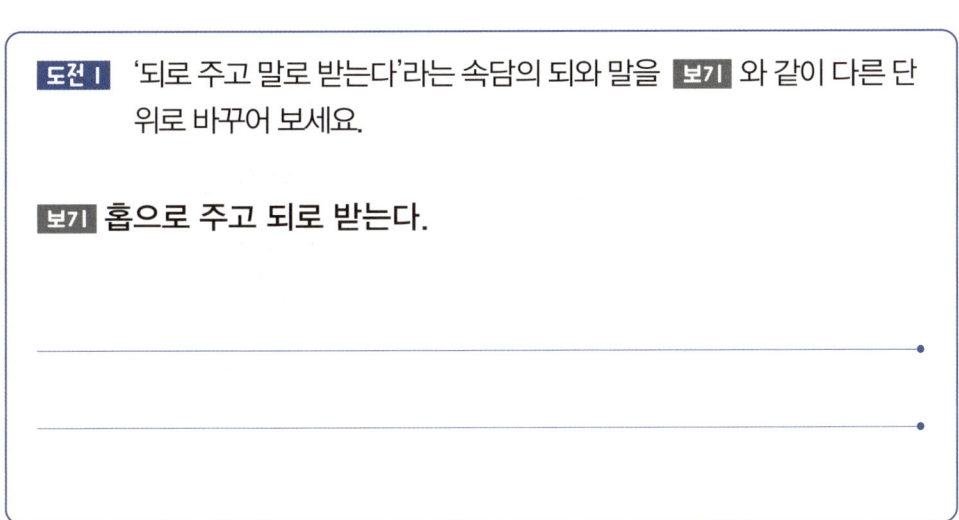

도전 1 '되로 주고 말로 받는다'라는 속담의 되와 말을 **보기** 와 같이 다른 단위로 바꾸어 보세요.

보기 홉으로 주고 되로 받는다.

현재 우리가 사용하는 미터법으로 양을 측정해 보면 1홉은 약 180 mL, 1되는 약 1800 mL, 1말은 약 18 L, 1섬은 약 180 L 정도가 된다고 해요.

도전 2 1되는 약 1800 mL입니다. 그렇다면 2되는 약 몇 L 몇 mL일까요?

약 (　　　) L (　　　) mL

도전 3 1말은 약 18 L입니다. 그렇다면 4섬은 약 몇 L일까요?

약 (　　　) L

학교 수학
어려움은 빼야지!

1. 사칙 연산 탐구하기

❶ 덧셈

덧셈을 하는 여러 가지 방법을 탐구해 볼까요?

Ⅰ 왼쪽에서 오른쪽으로(고대 인도의 덧셈법)

```
      8
   6  7̸  2
   5  2  8
   1  5  4
```

고대 인도에서는 덧셈을 할 때 일의 자리에서부터 하지 않고 왼쪽에서부터 했다고 해요.

❶ 백의 자리의 숫자인 1과 5를 더하여 6을 씁니다.

❷ 십의 자리의 숫자인 5와 2를 더하여 7을 씁니다.

❸ 일의 자리의 숫자인 4와 8을 더하여 12를 써야 하므로 십의 자리의 7을 지우고 8을 쓰고, 일의 자리에 2를 씁니다.

❹ 정답은 682가 됩니다.

도전 1 Ⅰ의 방법으로 덧셈해 보세요.

❶   349
　+ 326
　───────
　(　　　)

❷   478
　+ 319
　───────
　(　　　)

② 왼쪽부터 같은 자리끼리 계산하기

```
    5 2 8
  + 1 5 4
  ─────────
    6 0 0   ----→  500+100
      7 0   ----→  20+50
      1 2   ----→  8+4
  ─────────
    6 8 2
```

도전 2 ②의 방법으로 덧셈해 보세요.

❶　349
　+326
　─────

　(　　　)

❷　478
　+319
　─────

　(　　　)

3 더해 준 수만큼 빼 주기

```
    5 2 8
+   1 5 4
─────────
    5 3 0    ----→  528+2
    1 5 2    ----→  154-2
─────────
    6 8 2
```

❶ 528에 2를 더하여 530을 만듭니다.

❷ 154에서 먼저 더해 준 2를 빼면 152가 됩니다.

❸ 530에 152를 더하면 682가 됩니다.

도전 3 3의 방법으로 덧셈해 보세요.

❶ 349
 + 326
 ─────

 ─────
 (   )

❷ 478
 + 319
 ─────

 ─────
 (   )

❷ 뺄셈

덧셈을 하는 방법과 마찬가지로 뺄셈을 하는 방법에도 여러 가지가 있어요. 뺄셈을 하는 여러 가지 방법을 탐구해 볼까요?

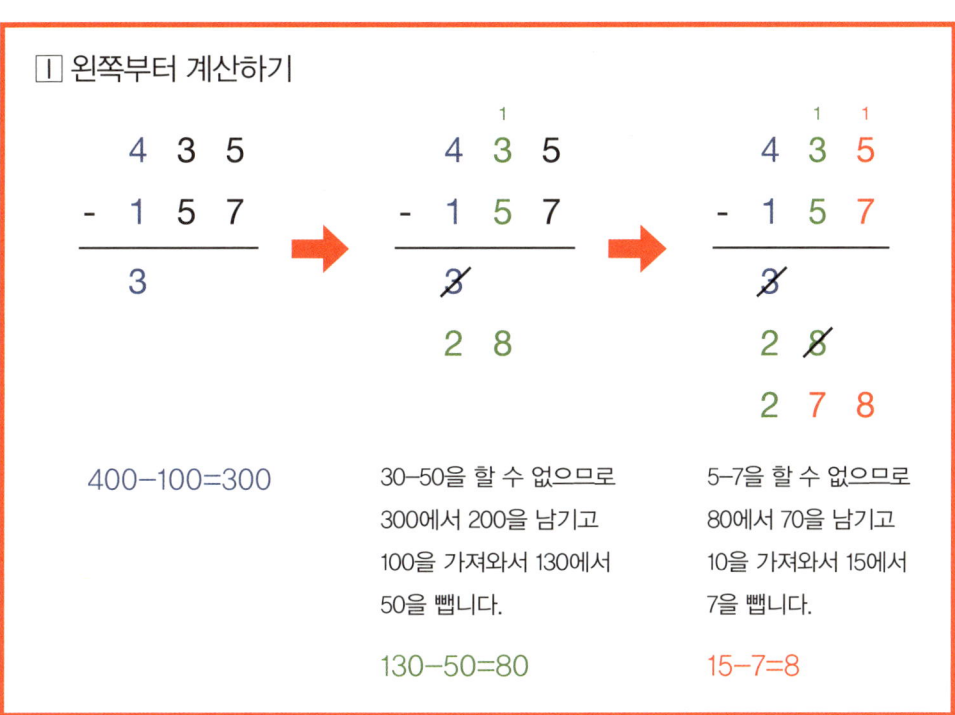

도전 1 ①의 방법으로 뺄셈해 보세요.

❶ 525
  − 176
  ─────

❷ 757
  − 369
  ─────

② 일의 자리부터 뺄셈하기

$$\require{cancel}\begin{array}{r} \overset{3}{\cancel{4}}\overset{12}{\cancel{3}}\overset{10}{5} \\ -\ 1\ 5\ 7 \\ \hline 2\ 7\ 8 \end{array}$$

5−7, 30−50을 할 수 없으므로 435를 다음과 같이 바꾸어서 계산합니다.

$$435 = 300 + 120 + 15$$
$$\downarrow \qquad \downarrow \qquad \downarrow$$
$$157 = 100 + 50 + 7$$

도전 2 ②의 방법으로 뺄셈해 보세요.

❶ $\begin{array}{r} 525 \\ -176 \\ \hline \end{array}$
(   )

❷ $\begin{array}{r} 757 \\ -369 \\ \hline \end{array}$
(   )

③ 두 수에 같은 수를 더하여 빼는 수를 몇 백으로 만들기

```
  4 3 5          4 3 8          4 7 8
- 1 5 7   ➡   - 1 6 0   ➡   - 2 0 0
─────────      ─────────      ─────────
                                2 7 8
```

두 수에 같은 수를 더하여도 계산 결과는 같아요!

❶ 157에 3을 더하여 160으로 만들기

❷ 435에도 3을 더하여 438로 만들기

❶ 160에 40을 더하여 200으로 만들기

❷ 438에도 40을 더하여 478로 만들기

도전 3 ③의 방법으로 뺄셈해 보세요.

❶
```
   5 2 5
 - 1 7 6
 ───────
 (      )
```

❷
```
   7 5 7
 - 3 6 9
 ───────
 (      )
```

잠깐! 뺄셈을 할 때 두 수에 같은 수를 더하여도 계산 결과가 같은 이유는 무엇일까요?

 박사님! 두 수의 덧셈을 할 때에는 더해 준 수만큼 빼라고 하셨잖아요. 그런데 뺄셈에서는 두 수에 같은 수를 더해요?

 작은 수를 이용해서 설명해 보자면, 궁금이가 3+7을 할 때 3에 2를 먼저 더했다면 그 다음에는 어떤 수를 더해야 하지?

 3+2+?

7 중에서 2는 이미 더했으니 7에서 2를 뺀 5만 더해 주면 돼요.
아, 그래서 더해 준 수만큼 빼는 거군요.

3+2=5   7-2=5

3+7=5+5=10

 그렇지. 그럼 뺄셈에서는 왜 두 수에 같은 수를 더해 주어도 되는 것일까? 궁금이에게 사탕이 6개 있는데 동생에게 2개를 주고 남은 4개를 먹으려고 했어. 그런데 동생에게 사탕을 주기도 전에 엄마가 궁금이에게 사탕 3개를 더 주셨다고 해보자. 그럼 궁금이의 사탕은 모두 몇 개가 될까?

6+3=9니까 9개가 돼요.

그럼 궁금이가 사탕 4개를 먹으려면 궁금이는 동생에게 사탕 몇 개를 주어야 하는 걸까?

처음에 주려고 했던 2개에 엄마가 주신 사탕 3개를 더해서 5개를 주어야 해요.

2+3=5

6+3=9

6-2=9-5=4

그렇지? 이제 왜 두 수의 뺄셈에서는 두 수에 같은 수를 더해도 계산 결과가 같아지는지 알겠지?

네, 박사님.

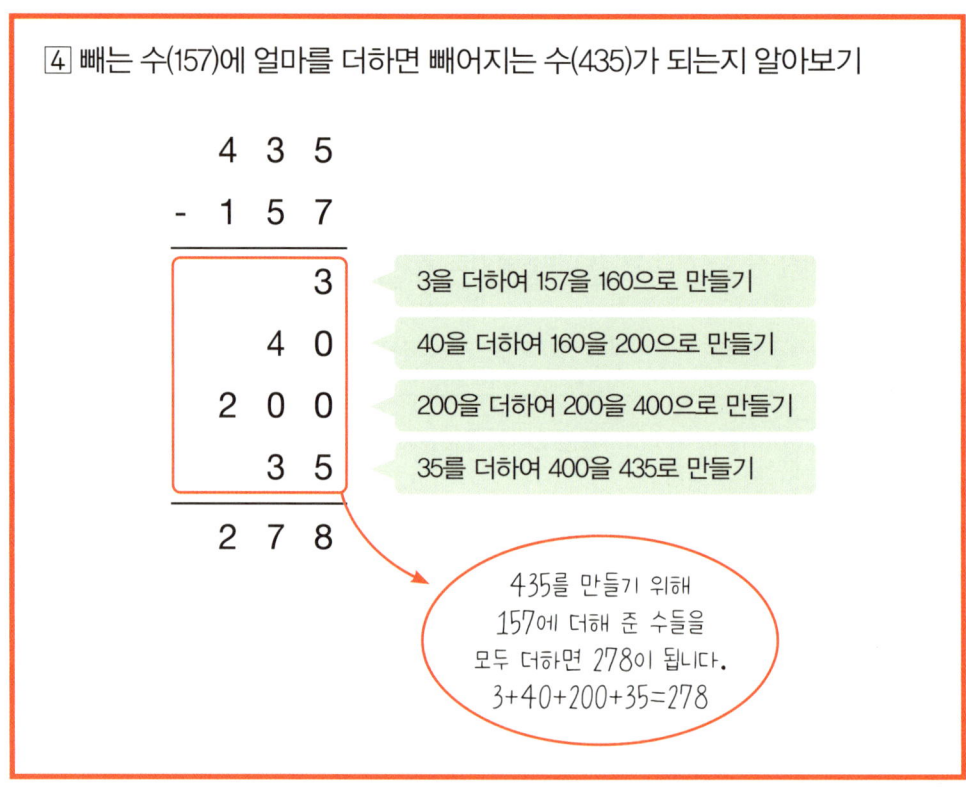

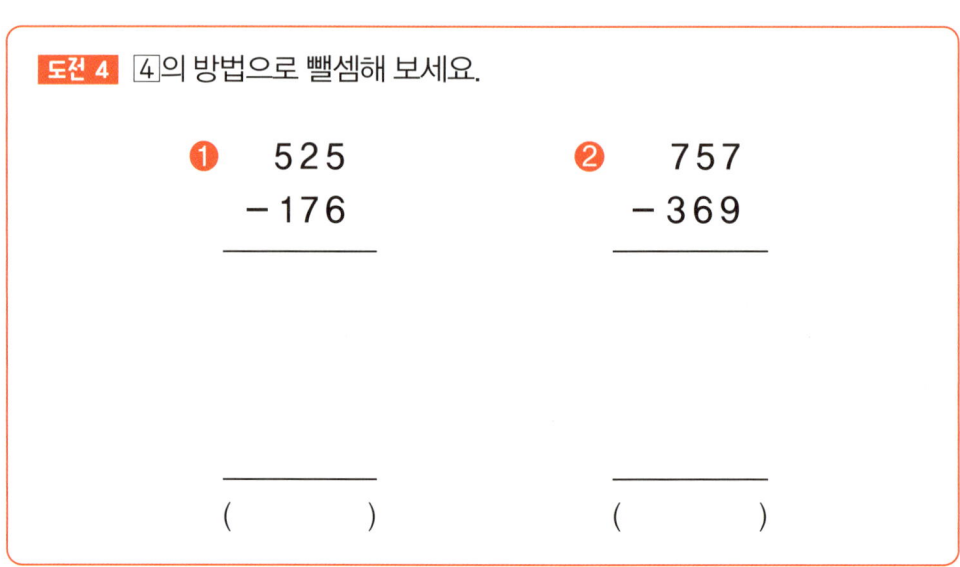

❸ 곱셈

사과가 15개씩 들어 있는 바구니가 5개 있습니다. 사과는 모두 몇 개일까요?

이 문제를 해결하기 위해서는 15×5를 계산해야 해요.

15×5를 계산하는 방법에는 여러 가지가 있어요. 몇 가지만 살펴볼까요?

(1) 먼저 15를 5번 더하는 방법이 있습니다.

$$15+15+15+15+15=75$$

(2) 15에 2를 곱한 후 덧셈을 이용하여 구하는 방법도 있습니다.

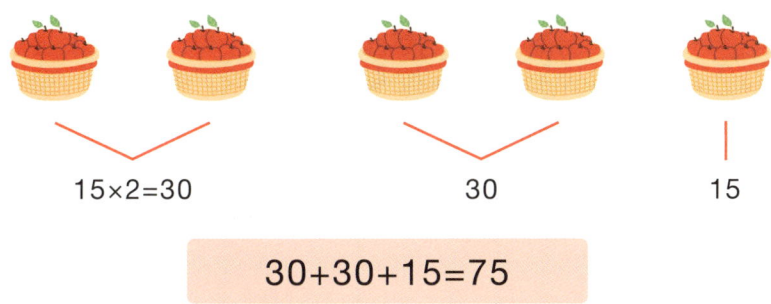

$$30+30+15=75$$

(3) 15×2×2를 한 후 15를 더해 주는 방법도 있어요.

$$15\times2=30 \quad 30\times2=60 \quad 60+15=75$$

(4) 수 모형으로 계산하는 방법도 있겠죠?

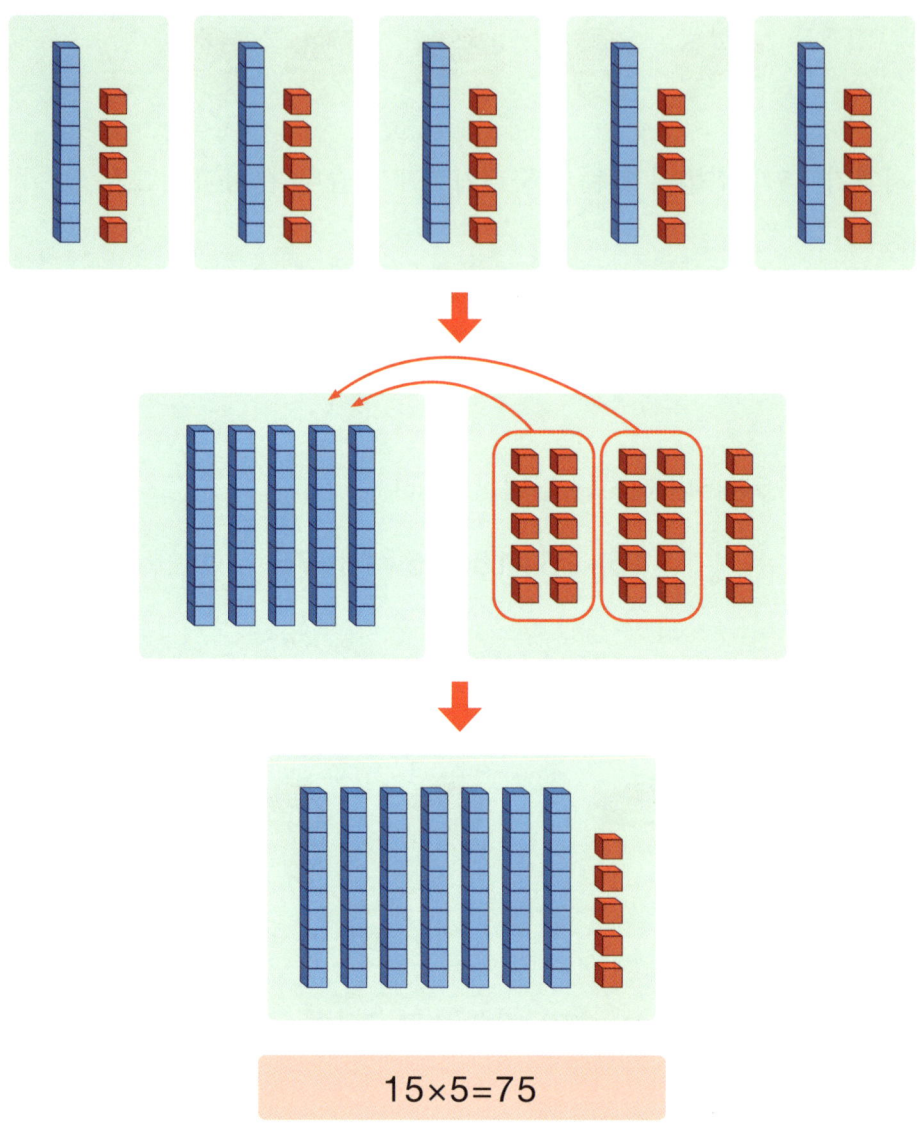

15×5=75

(5) 모눈을 여러 방법으로 나누어서 계산하는 방법도 있답니다.

• 15를 10과 5로 나누어 계산하는 방법

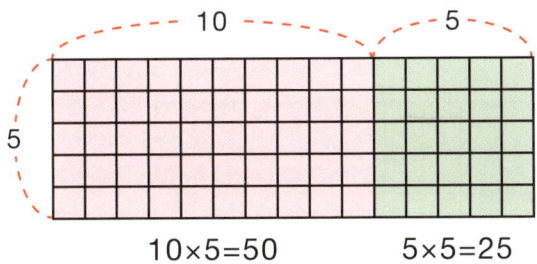

10×5=50, 5×5=25이므로, 15×5=50+25=75입니다.

• 15를 6과 9로 나누어 계산하는 방법

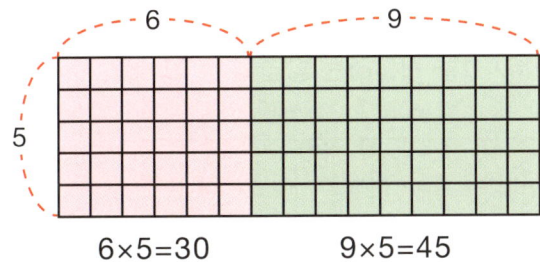

6×5=30, 9×5=45이므로, 15×5=30+45=75입니다.

• 5를 2와 3으로 나누어 계산하는 방법

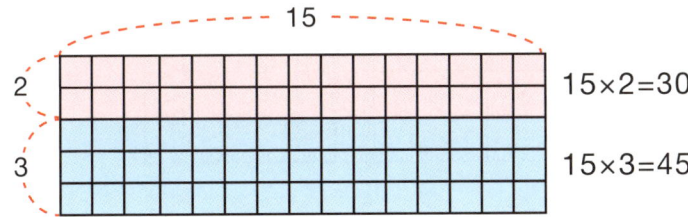

15×2=30, 15×3=45이므로 15×5=30+45=75입니다.

이외에도 다양한 방법이 있겠지요? 여러분도 한번 찾아보세요.

도전 1 아래 모눈을 이용하여 15×5를 계산하는 또 다른 방법을 써 보세요.

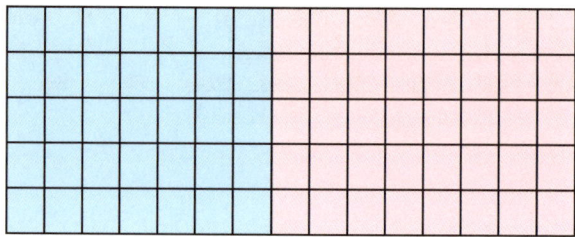

도전 2 아래 모눈을 이용하여 16×11을 계산하는 방법을 써 보세요.

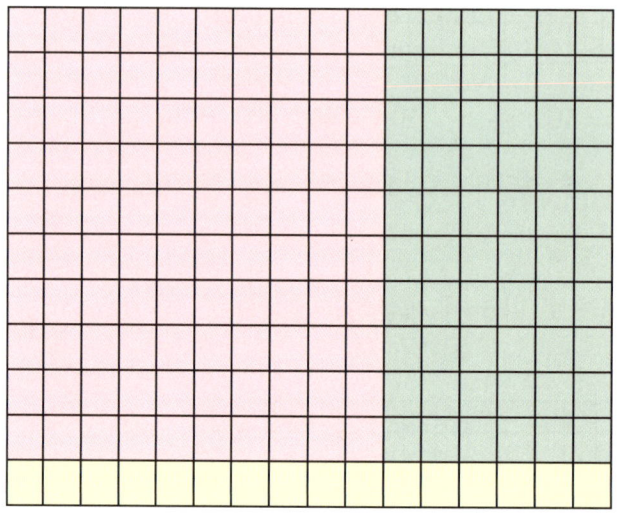

❹ 나눗셈

수영이가 초콜릿바 12개를 친구들과 똑같이 나누어 먹으려고 해요. 초콜릿바 나누기를 해 볼까요?

사람의 수(명)	한 사람이 가질 수 있는 초콜릿바의 수(개)	남은 초콜릿바의 수(개)	나눗셈식
1	12	0	12÷1=12
2	6	0	12÷2=6
3	4	0	
4	3	0	
5	2	2	12÷5=2…2
6	2	0	12÷6=2
7	1	5	
8	1	4	12÷8=1…4
9	1	3	12÷9=1…3
10	1	2	
11	1	1	12÷11=1…1
12	1	0	12÷12=1

1️⃣ 표의 빈칸에 알맞은 나눗셈식을 쓰세요.

2️⃣ 사람의 수가 몇 명일 때 남은 초콜릿바 없이 똑같이 나누어 가질 수 있는지 모두 쓰세요.

(   )

표를 보면 12÷12=1이므로 사람의 수가 12명일 때 초콜릿바를 1개씩 나누어 먹을 수 있다는 것을 알 수 있어요. 그렇다면 24명이 초콜릿바를 똑같이 나누어 먹을 수도 있을까요? 초콜릿바를 반으로 나누면 되겠지요. 따라서 한 사람이 먹을 수 있는 초콜릿바는 $\frac{1}{2}$개가 됩니다.

도전 아래 도전 문제를 해결해 보세요.

❶ 수영이는 표의 색칠되어 있는 부분을 보며 다음과 같은 말을 하였습니다. 수영이는 어떻게 생각한 것인지 설명해 보세요.

> 초콜릿바 12개를 남는 것 없이 8명이 똑같이 나누어 먹을 수 있는 방법이 있어요. 초콜릿바를 각각 $1\frac{1}{2}$개씩 먹으면 돼요.

❷ ❶에서 수영이가 했던 방법으로 초콜릿바 12개를 9명이 남는 것 없이 똑같이 나누어 먹을 수 있는 방법을 쓰세요.

2. 도형 만들기

보기 와 같은 직각삼각형을 밀기, 뒤집기, 돌리기 한 후 이어 붙여 여러 가지 도형을 만들려고 해요. 도형을 만드는 규칙은 다음과 같아요.

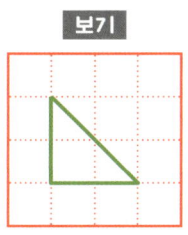

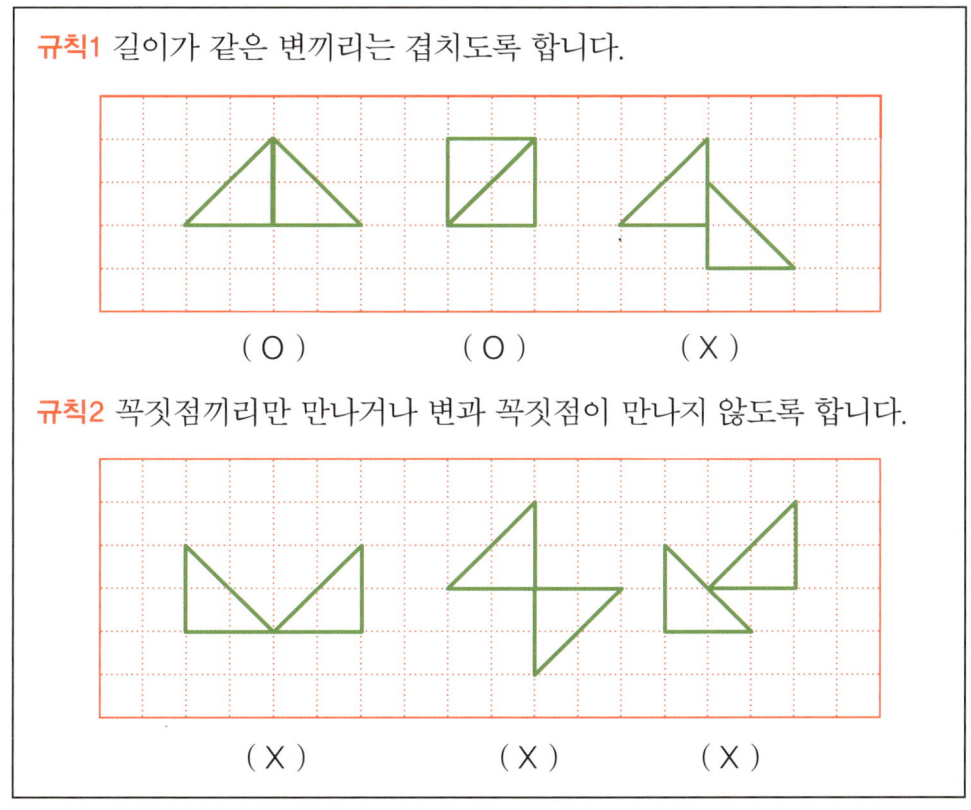

도전 **보기** 의 직각삼각형을 이용하여 새로운 도형을 만들어 보세요.

❶ **보기** 의 직각삼각형 4개를 이용하여 직각 삼각형과 정사각형을 만들어 보세요.

직각삼각형 　　　　　　　　　 정사각형

❷ **보기** 의 직각삼각형 4개를 이어 붙여 만들 수 있는 사각형을 3개 그려 보세요. (단, 밀기, 뒤집기, 돌리기를 했을 때 같은 모양이 나오는 경우는 같은 모양으로 생각하며, ❶에서 만든 정사각형은 제외합니다.)

❸ 보기 의 직각삼각형 4개를 이어 붙여 만들 수 있는 오각형을 1개 그려 보세요.

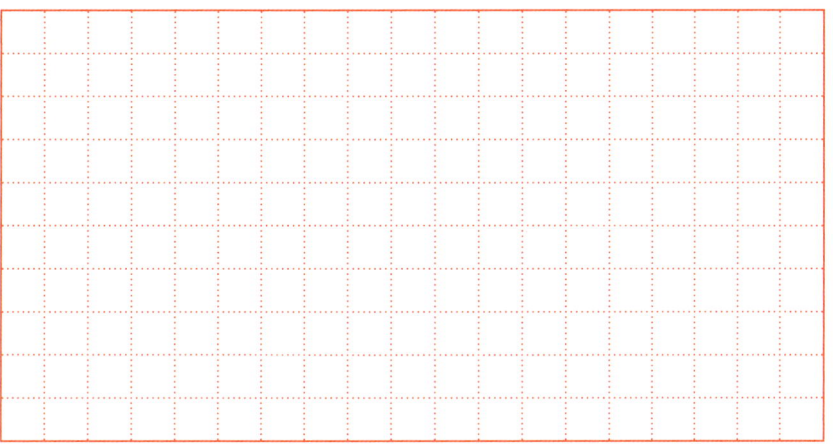

❹ 보기 직각삼각형 4개를 이어 붙여 만들 수 있는 육각형을 2개 그려 보세요. (단, 밀기, 뒤집기, 돌리기를 했을 때 같은 모양이 나오는 경우는 같은 모양으로 생각합니다.)

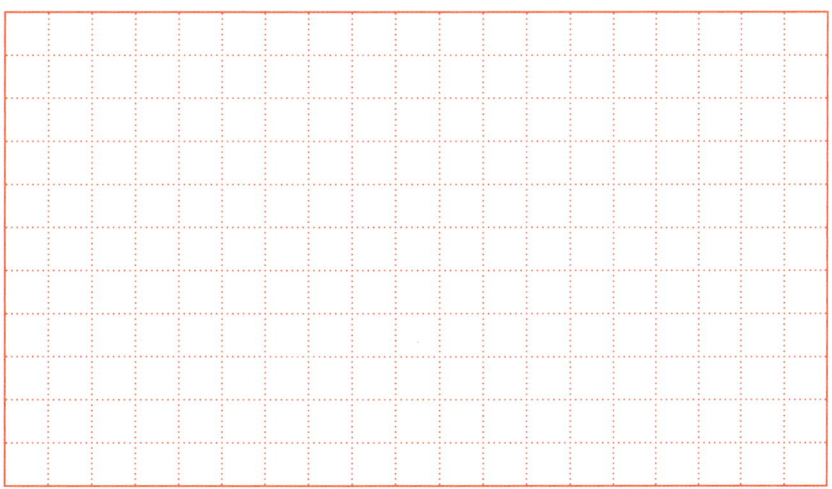

3. 들이의 합과 차

 A, B, C 세 개의 물통이 있어요. A 물통에는 4 L 200 mL의 물을 담을 수 있고, B 물통에는 10 L 200 mL, C 물통에는 2 L 400 mL의 물을 담을 수 있답니다.

 현재 B 물통에만 물이 가득 담겨 있다고 할 때, 이 세 개의 물통을 이용하여 3 L를 만드는 방법을 알아보려고 해요. 빈칸에 알맞은 말을 쓰고, 표의 빈칸에는 알맞은 식을 써 보세요. (단, 흘린 물은 없다고 생각하고, 물을 버릴 수는 없습니다.)

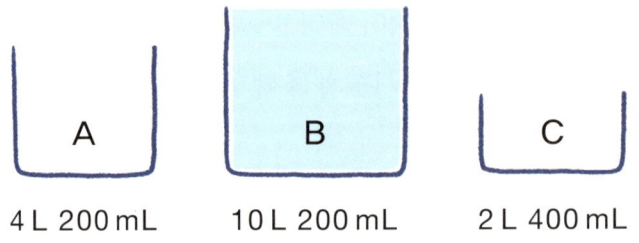

4 L 200 mL   10 L 200 mL   2 L 400 mL

(1) 먼저 B 물통의 물을 C 물통에 가득 담아요.

(2) C 물통의 물을 A 물통에 담아요.

(3) B 물통의 물을 C 물통에 가득 담아요.

(4) _____

(5) A 물통의 물을 B 물통에 담아요.

(6) C 물통의 물을 A 물통에 담아요.

(7) _____

(8) _____

> **참고!**
> 뒤에 있는 표는
> (1)~(8)까지의 활동을 할 때마다
> A, B, C 각각의 물통에 들어 있는
> 물의 양을 나타냅니다.
> 표를 보면서 해결해 보세요.

물의 양	A	B	C
(1)	0	10 L 200 mL−2 L 400 mL =7 L 800 mL	2 L 400 mL
(2)	2 L 400 mL	7 L 800 mL	0
(3)	2 L 400 mL	7 L 800 mL−2 L 400 mL =5 L 400 mL	2 L 400 mL
(4)	2 L 400 mL+1 L 800 mL =4 L 200 mL	5 L 400 mL	
(5)	0		600 mL
(6)	600 mL	9 L 600 mL	0
(7)	600 mL		2 L 400 mL
(8)		7 L 200 mL	0

도전 A, B, C 세 개의 물통이 있습니다. A 물통에는 1 L 200 mL의 물을 담을 수 있고, B 물통에는 2 L 800 mL, C 물통에는 6 L 500 mL의 물을 담을 수 있습니다. 현재 C 물통에만 물이 가득 담겨 있다고 할 때, 이 세 개의 물통을 이용하여 2 L를 만들 수 있는 방법을 설명해 보세요. (단, 흘린 물은 없다고 생각하고, 물을 버릴 수는 없습니다.)

A 1 L 200 mL

B 2 L 800 mL

C 6 L 500 mL

4. 재미있는 수학 동시

영미는 분모가 같은 분수의 덧셈식을 보고 다음과 같은 시를 썼어요.

분수가 분수를 만나면

분수 둘을 합하였더니
분자는 커지고
분모는 그대로네.

$$\frac{1}{4} + \frac{2}{4} = \frac{3}{4}$$

분수 셋을 합하여도
분자는 커지고
분모는 그대로네.

$$\frac{3}{8} + \frac{2}{8} + \frac{1}{8} = \frac{6}{8}$$

분모는 부모님
분자는 아이들

아이들은 많아질 수 있지만
부모와 바꿀 수 있는 건
없어서 그런걸까?

도전 1 시에서 밑줄 친 부분의 진짜 이유는 무엇일까요? $\frac{1}{4} + \frac{2}{4} = \frac{3}{4}$을 이용하여 설명하세요.

> 그림을 이용해도 좋아요!

영식이는 나눗셈을 배운 후에 다음과 같은 시를 썼어요.

2로 나누면 무엇이 될까?

사람들은 8을 2로 나누면
4가 된다고 하네.

그것도 맞지만
나는 8을 둘로 나누면
0이 된다고도 하지.

사람들은 18을 2로 나누면
9가 된다고 하네.

그것도 맞지만
나는 18을 둘로 나누면
10이 된다고도 하지.

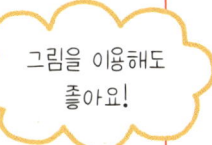

도전 2 시에서 밑줄 친 부분의 이유는 무엇일까요?

> 그림을 이용해도 좋아요!

도전 3 시에서 □ 안에 있는 부분은 실제 나눗셈과는 달리 영식이가 재미로 생각한 것입니다. 그렇게 생각한 이유는 무엇일까요?

추론 수학
같은 것을 찾아라!

1. 연속한 수의 합

❶ 연속한 세 수의 합

《생각하면 쉬운 수학 2단계》의 추론 수학 부분을 살펴보면 연속한 세 수의 합에 대해서 학습할 수 있어요. 예를 들어, 12+13+14의 값은 12+13+13+1로 나타낼 수 있고, 이 식은 12+1+13+13으로 바꿀 수 있어요. 그 다음에 이 식을 13+13+13으로 바꾸면 13×3을 이용하여 12+13+14의 값을 구할 수 있지요. 즉, 연속한 세 수의 합은 (가운데 수)×3의 값과 같아요. 그렇다면 연속한 세 수의 합이 99일 때 연속한 세 수를 구하려면 어떻게 해야 할까요?

(연속한 세 수의 합)=(가운데 수)×3이므로 (연속한 세 수의 합)=(가운데 수)+(가운데 수)+(가운데 수)라고 할 수 있어요.

즉, (연속한 세 수의 합)을 크기가 같은 세 개의 묶음이 되도록 나누어 주면 (가운데 수)를 구할 수 있게 되지요. (연속한 세 수의 합)÷3=(가운데 수)가 되는 것입니다.

이 문제에서 연속한 세 수의 합은 99이므로 가운데 수는 99÷3=33이에요. 따라서 연속한 세 수는 32, 33, 34가 되지요.

이것을 활용하여 다음 문제를 해결해 보세요.

> **도전** 연속한 세 수의 합이 84일 때, 연속한 세 수는 무엇일까요?
>
> (   )

❷ 연속한 여러 수의 합

이번에는 연속한 네 수의 합, 연속한 다섯 수의 합, 연속한 여섯 수의 합 등을 구할 수 있는 또 다른 방법을 생각해 볼까요? 수학자 가우스의 어린 시절 일화를 먼저 살펴보아요.

가우스가 초등학생이었을 때였어요. 그날따라 피곤하셨던 선생님은 학생들에게 시간이 제법 오래 걸릴 만한 문제를 내고 푹 쉬고 싶으셨어요. 그래서 학생들에게 1부터 100까지의 수의 합을 구하라는 문제를 내셨지요. 다른 학생들과는 다르게 이 문제를 쉽게 해결한 가우스! 가우스의 해결 방법을 살펴볼까요?

$$
\begin{array}{c}
1 + 2 + 3 + 4 + \cdots\cdots + 99 + 100 \\
+\ 100 + 99 + 98 + 97 + \cdots\cdots + 2 + 1 \\
\hline
101 + 101 + 101 + \cdots\cdots\cdots\cdots + 101 + 101
\end{array}
$$

1부터 100까지의 수에 1부터 100까지의 수의 순서를 거꾸로 하여 더하면 101을 100번 더하는 것과 같아요. 그리고 이것은 1부터 100까지의 수의 합을 총 2번 더한 것이기 때문에 $101 \times 100 \div 2$를 하여 1부터 100까지의 수의 합을 쉽게 구할 수 있었다고 해요.

가우스의 방법으로 연속한 네 수의 합 5+6+7+8의 값을 구해 볼까요?

```
  5 + 6 + 7 + 8
+ 8 + 7 + 6 + 5
─────────────────
 13+13+13+13
```

5+6+7+8에 8+7+6+5를 더하면 13을 4번 더하는 것과 같아요. 따라서 5+6+7+8의 값은 13×4÷2=26이 돼요.

이번에는 가우스의 방법으로 연속한 여섯 수의 합 3+4+5+6+7+8의 값을 구해 볼까요?

```
  3 + 4 + 5 + 6 + 7 + 8
+ 8 + 7 + 6 + 5 + 4 + 3
─────────────────────────
 11+11+11+11+11+11
```

3+4+5+6+7+8에 8+7+6+5+4+3을 더하면 11을 6번 더하는 것과 같아요. 따라서 3+4+5+6+7+8의 값은 11×6÷2=33이 돼요.

도전 1 가우스의 방법을 활용하여 10+11+12+13의 값을 구하세요.

(   )

도전 2 가우스의 방법을 활용하여 5+6+7+8+9+10의 값을 구하세요.

(   )

가우스의 방법을 조금 변형하여 1부터 50까지의 수의 합을 구할 때 아래와 같은 식을 만들어서 계산할 수도 있어요.

$$1 + 2 + 3 + 4 + \cdots + 24 + 25$$ → 앞의 25개의 수를 합하는 식을 씁니다.
$$+50+49+48+47+ \cdots +27+26$$ → 뒤의 25개의 수를 합하는 식을 거꾸로 씁니다.

$$51+51+51+ \cdots +51+51$$ → 51을 25번 더한 값이 됩니다.

(1+50)×25=1275 이므로 1부터 50까지의 수의 합은 1275 가 됩니다.

도전 3 위의 방법을 활용하여 1부터 60까지의 수의 합을 구하세요.

(   )

2. 모두 몇 개일까요?

❶ 각은 모두 몇 개일까요?

아래 그림에서 각은 몇 개일까요?

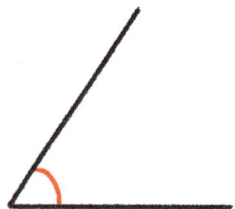

1개입니다. 우리는 각 1개를 쉽게 찾을 수 있어요.

그렇다면 각 2개가 붙어 있는 다음 그림에서 각은 2개일까요?

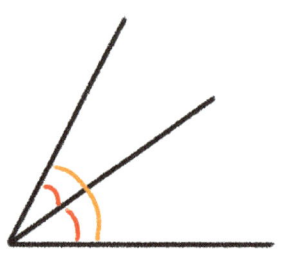

아니에요. 우리가 찾을 수 있는 각은 3개입니다. 우리는 각 2개가 붙어 있는 위와 같은 그림에서 각 3개를 찾을 수 있어요. 각 하나로 만들어진 것 2개와 각 2개가 붙어서 만들어진 것 1개를 찾을 수 있지요. (2+1=3)

그럼, 각 3개가 붙어 있는 다음 그림에서 각은 모두 몇 개일까요?

3개일까요? 각 하나로 만들어진 것 3개와 각 2개가 붙어서 만들어진 것 2개, 각 3개가 붙어서 만들어진 것 1개로 총 6개랍니다. (3+2+1=6)

이제 도전에 있는 문제들을 해결해 볼까요?

도전 1 각은 모두 몇 개일까요?

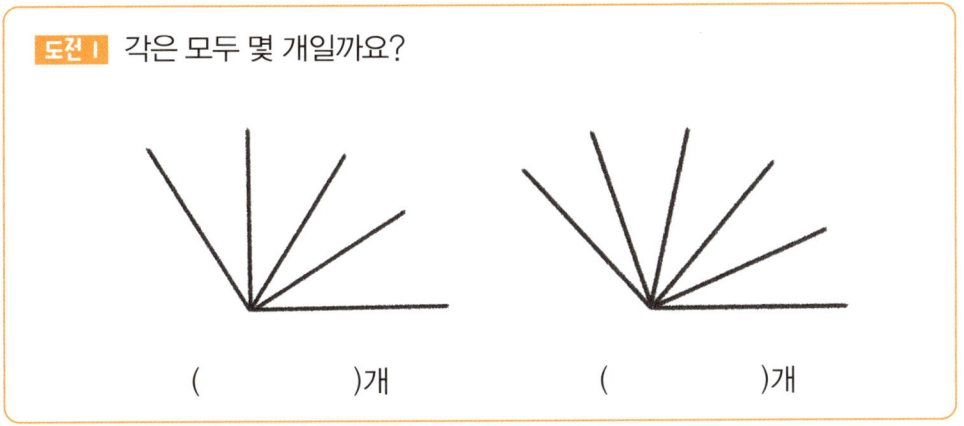

(   )개   (   )개

각 50개가 이와 같은 방법으로 붙어 있다면 찾을 수 있는 각은 모두 몇 개일까요? 각 70개가 붙어 있다면 각의 개수를 구할 수 있을까요? 규칙을 찾으면 해결할 수 있어요.

도전 2 규칙에 따라 빈칸에 알맞은 식을 써넣으세요.

붙어 있는 각의 개수	찾을 수 있는 각의 개수
1개	1개
2개	2+1=3(개)
3개	3+2+1=6(개)
4개	4+3+2+1=10(개)
5개	5+4+3+2+1=15(개)
⋮	⋮
50개	
⋮	⋮
70개	

잠깐 덧셈식이 너무 길어서 계산하기 어렵다면 쉽게 계산할 수 있는 방법을 이용해 보세요. 이 책의 '**연속한 여러 수의 합**' 부분을 다시 살펴보면 위의 식을 쉽게 계산할 수 있어요.

❷ 정사각형은 모두 몇 개일까요?

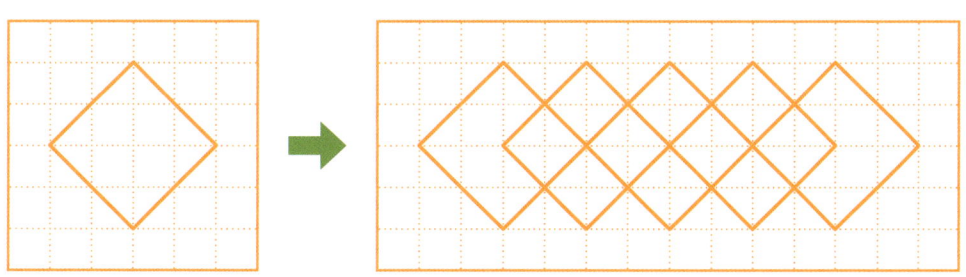

위의 오른쪽 그림을 보면 큰 정사각형과 작은 정사각형이 있어요. 크고 작은 정사각형이 몇 개 있는지 정사각형이 하나일 때부터 차근차근 살펴보도록 해요.

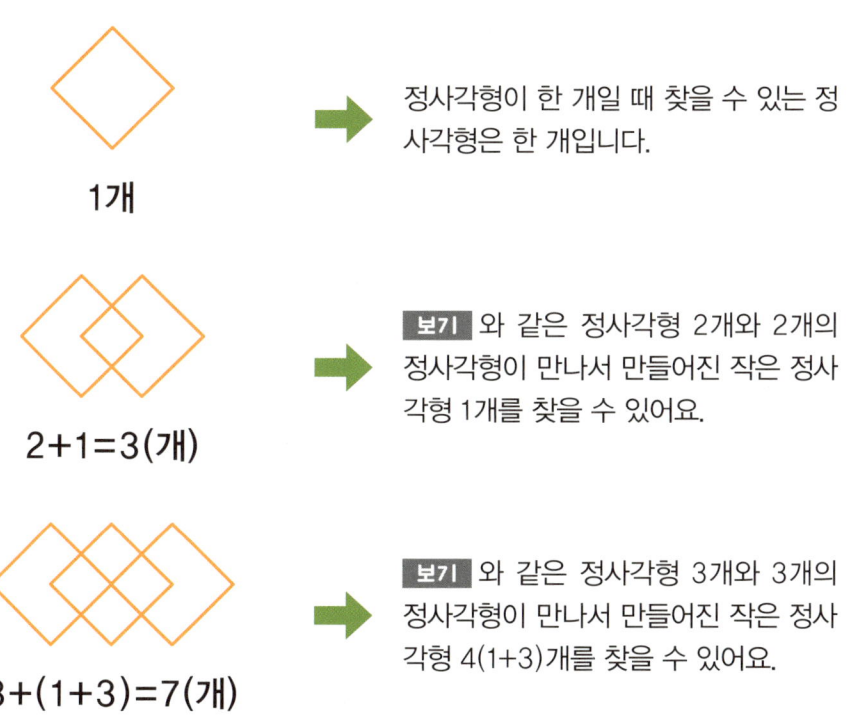

→ 정사각형이 한 개일 때 찾을 수 있는 정사각형은 한 개입니다.

→ 보기 와 같은 정사각형 2개와 2개의 정사각형이 만나서 만들어진 작은 정사각형 1개를 찾을 수 있어요.

→ 보기 와 같은 정사각형 3개와 3개의 정사각형이 만나서 만들어진 작은 정사각형 4(1+3)개를 찾을 수 있어요.

추론 수학 • 65

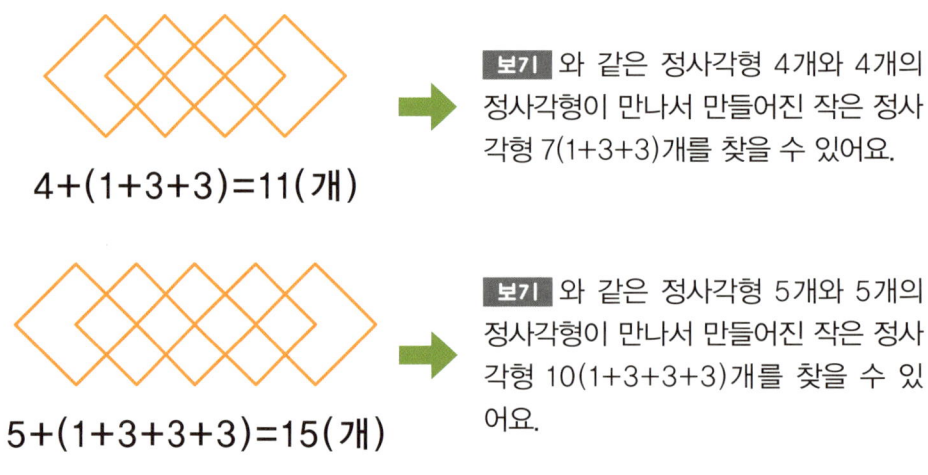

4+(1+3+3)=11(개)

보기 와 같은 정사각형 4개와 4개의 정사각형이 만나서 만들어진 작은 정사각형 7(1+3+3)개를 찾을 수 있어요.

5+(1+3+3+3)=15(개)

보기 와 같은 정사각형 5개와 5개의 정사각형이 만나서 만들어진 작은 정사각형 10(1+3+3+3)개를 찾을 수 있어요.

규칙을 찾으셨나요? 그럼 다음 문제에 도전해 보세요.

도전 다음 무늬에서 찾을 수 있는 정사각형은 모두 몇 개일까요?

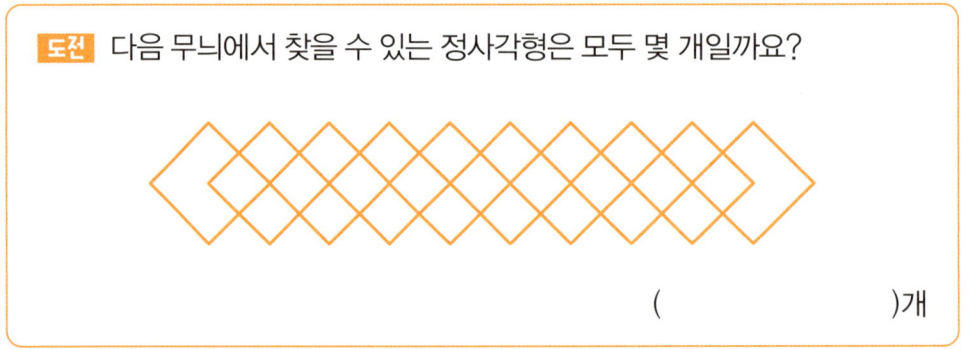

(   )개

3. 수를 찾아요

❶ 가면 속에 숨어 있는 수는?

식을 보고 동물 가면 아래에 숨어 있는 수를 알아맞혀 보세요. (단, 같은 가면은 같은 수를 나타내고 가면 속에 있는 수는 그 식에 없는 수입니다.)

보기

같은 두 수를 더했을 때 일의 자리의 숫자가 6이 되려면 3+3 또는 8+8을 해야 합니다. 개구리에 3이 들어갈 경우 십의 자리에 있는 여우에는 4, 백의 자리에 있는 여우에는 3이 들어가게 되므로, 개구리에는 8이 들어가야 합니다. 그리고 여우에는 3이 들어가야 합니다.

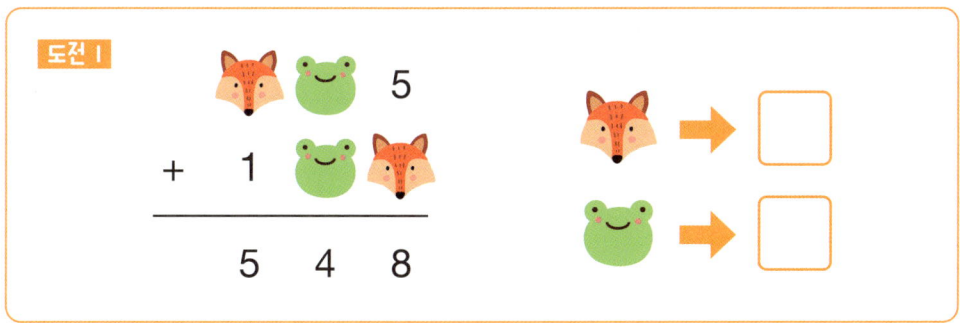

도전 2

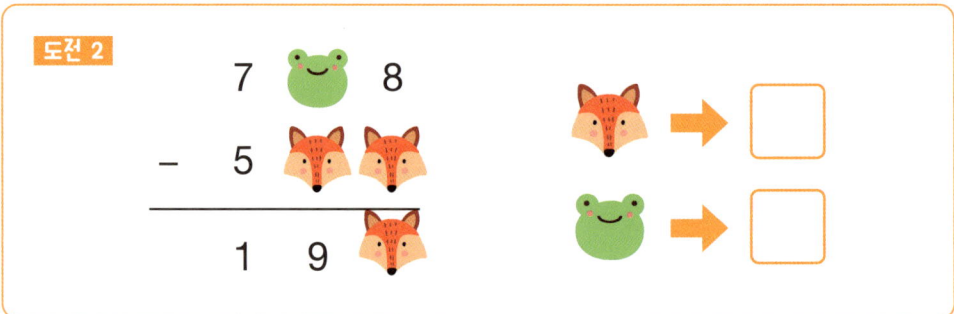

도전 3

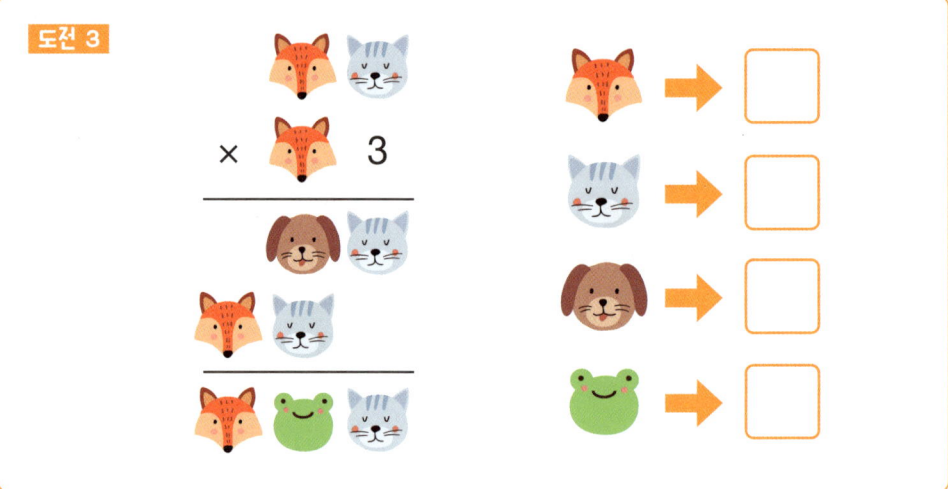

도전 4

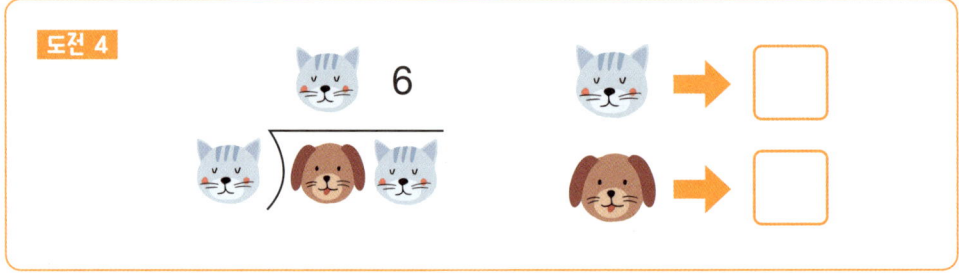

❷ 비밀번호 찾기

A, B, C, D에 들어갈 수를 찾아서 비밀번호를 알아내세요.

보기

$$2 \blacksquare 3 = 18 \qquad 3 \blacksquare 5 = 75$$

$$4 \blacksquare 2 = \boxed{A}\boxed{B} \qquad A \blacksquare B = \boxed{C}\boxed{B}$$

비밀번호 $\boxed{A}\boxed{B}\boxed{C}\boxed{B} = \boxed{1}\boxed{6}\boxed{3}\boxed{6}$

$2 \blacksquare 3 = 2 \times 3 \times 3 = 18$, $3 \blacksquare 5 = 3 \times 5 \times 5 = 75$입니다.

$4 \blacksquare 2 = 4 \times 2 \times 2 = 16$이므로 A=1, B=6입니다.

$A \blacksquare B = 1 \blacksquare 6 = 1 \times 6 \times 6 = 36$이므로 C=3입니다.

따라서 비밀번호는 1636입니다.

도전 1

$$4 \odot 3 = 11 \qquad 9 \odot 8 = 26$$

$$25 \odot 8 = \boxed{A}\boxed{B} \qquad A \odot B = \boxed{C}\boxed{B}$$

비밀번호 $\boxed{A}\boxed{B}\boxed{C}\boxed{B} = \boxed{}\boxed{}\boxed{}\boxed{}$

도전 2

85◆30=25　　　60◆10=40

100◆21=[A][B]　　37◆A=[C][D]

비밀번호 [A][B][C][D] = [5][8][2][7]

도전 3

2●3=12　　　4●7=112

12●5=[A][B]0　　A●B=[C][D]

비밀번호 [A][B][C][D] = [7][2][9][8]

도전 4

8▨2=2　　　25▨5=1

80▨2=[A][B]　　99▨3=[C][C]

비밀번호 [A][B][C][C] = [2][0][1][1]

❸ 나는 누구일까요?

종이가 찢어져서 일부분이 보이지 않는 수가 있어요. 어떤 수일까요?

보기

2⃞
- 두 자리 수입니다.
- 2로 나누어떨어집니다.
- 3으로 나누어떨어집니다.

(24)

십의 자리의 숫자가 2이고 2로 나누어떨어지는 두 자리 수는 20, 22, 24, 26, 28입니다. 이 중 3으로 나누어떨어지는 수는 24입니다.

도전 1

4⃞
- 두 자리 수입니다.
- 일의 자리의 숫자가 십의 자리의 숫자보다 큽니다.
- 6으로 나누어떨어집니다.

(   )

도전 2

- 세 자리 수입니다.
- 이 수에 3을 곱하면 일의 자리의 숫자가 9가 됩니다.
- 이 수에서 15를 빼면 백의 자리의 숫자가 1이 됩니다.
- 이 수에는 1이 들어가지 않습니다.

(   )

도전 3

- 세 자리 수입니다.
- 이 수에 똑같은 수를 더하면 일의 자리의 숫자와 십의 자리의 숫자가 0이 됩니다.
- 일의 자리의 숫자와 십의 자리의 숫자가 다릅니다.

(   )

도전 4

- 세 자리 수입니다.
- 이 수에 2를 곱한 값의 일의 자리의 숫자와 십의 자리의 숫자는 같습니다.
- 이 수에 2를 곱한 값의 백의 자리의 숫자는 십의 자리의 숫자보다 5 큽니다.

(   )

도전 5

- 세 자리 수입니다.
- 각 자리의 숫자는 서로 다른 짝수입니다.
- 백의 자리의 숫자가 일의 자리의 숫자보다 작습니다.
- 각 자리의 숫자의 합은 18입니다.

(   )

❹ 분수 막대를 이용하여 값을 찾아요

1															
$\frac{1}{2}$								$\frac{1}{2}$							
$\frac{1}{4}$				$\frac{1}{4}$				$\frac{1}{4}$				$\frac{1}{4}$			
$\frac{1}{8}$		$\frac{1}{8}$		$\frac{1}{8}$		$\frac{1}{8}$		$\frac{1}{8}$		$\frac{1}{8}$		$\frac{1}{8}$		$\frac{1}{8}$	
$\frac{1}{16}$	$\frac{1}{16}$	$\frac{1}{16}$	$\frac{1}{16}$	$\frac{1}{16}$	$\frac{1}{16}$	$\frac{1}{16}$	$\frac{1}{16}$	$\frac{1}{16}$	$\frac{1}{16}$	$\frac{1}{16}$	$\frac{1}{16}$	$\frac{1}{16}$	$\frac{1}{16}$	$\frac{1}{16}$	$\frac{1}{16}$

$\frac{1}{2} = \frac{1}{A} + \frac{1}{A}$ 이라고 할 때, 분수 막대를 살펴보면 $\frac{1}{2}$ 은 $\frac{1}{4} + \frac{1}{4}$ 과 크기가 같으므로 A의 값은 4가 됩니다.

그렇다면 $\frac{1}{2} = \frac{1}{A} + \frac{1}{B} + \frac{1}{B}$ 이라고 할 때, A와 B의 값은 무엇일까요?

분수 막대를 살펴보면 $\frac{1}{4} = \frac{1}{8} + \frac{1}{8}$ 이므로 $\frac{1}{2} = \frac{1}{4} + \frac{1}{8} + \frac{1}{8}$ 이 되고 A의 값은 4, B의 값은 8이 됩니다.

$\frac{1}{2} = \frac{1}{A} + \frac{1}{B} + \frac{1}{C} + \frac{1}{C}$ 이라고 할 때, A, B, C의 값도 살펴볼까요?

분수 막대를 살펴보면 $\frac{1}{8} = \frac{1}{16} + \frac{1}{16}$ 이므로 $\frac{1}{2} = \frac{1}{4} + \frac{1}{8} + \frac{1}{16} + \frac{1}{16}$ 이 되고 A의 값은 4, B의 값은 8, C의 값은 16 또는 A와 B의 값을 바꾸어 A의 값은 8, B의 값은 4, C의 값은 16이 됩니다.

이처럼 한 단위 분수는 여러 가지 단위 분수들의 합으로 다양하게 나타낼 수 있어요.

분수 막대를 활용하여 다음 문제를 해결해 볼까요?

> **도전 1**
>
> ❶ $\frac{1}{4} = \frac{1}{A} + \frac{1}{A}$ 이라고 할 때, A의 값은 무엇일까요? ( )
>
> ❷ $\frac{1}{4} = \frac{1}{A} + \frac{1}{B} + \frac{1}{B}$ 이라고 할 때, A와 B의 값은 무엇일까요? ( )
>
> ❸ $\frac{1}{2} = \frac{1}{A} + \frac{1}{A} + \frac{1}{B} + \frac{1}{B} + \frac{1}{B} + \frac{1}{B}$ 이라고 할 때, A와 B의 값은 무엇일까요? ( )

또한 단위 분수는 여러 가지 단위 분수들의 차로도 다양하게 나타낼 수 있어요.

$\frac{1}{4} = \frac{1}{A} - \frac{1}{B}$ 이라고 할 때, $\frac{1}{4} = \frac{1}{2} - \frac{1}{4}$ 이므로 A=2, B=4입니다.

$\frac{1}{16} = \frac{1}{A} - \frac{1}{B}$ 이라고 할 때, $\frac{1}{16} = \frac{1}{8} - \frac{1}{16}$ 이므로 A=8, B=16입니다.

$\frac{1}{8} = \frac{1}{A} - \frac{1}{B} - \frac{1}{C}$ 이라고 할 때, $\frac{1}{8} = \frac{1}{2} - \frac{1}{4} - \frac{1}{8}$ 이므로 A=2, B=4, C=8 또는 A=2, B=8, C=4입니다.

$\frac{1}{8} = \frac{1}{A} - \frac{1}{B} - \frac{1}{B} - \frac{1}{C} - \frac{1}{C}$ 이라고 할 때, $\frac{1}{8} = \frac{1}{2} - \frac{1}{8} - \frac{1}{8} - \frac{1}{16} - \frac{1}{16}$ 이므로 A=2, B=8, C=16 또는 A=2, B=16, C=8입니다.

분수 막대를 활용하여 다음 문제를 해결해 볼까요?

> **도전 2**
>
> ① $\dfrac{1}{8} = \dfrac{1}{A} - \dfrac{1}{B}$ 이라고 할 때, A와 B의 값은 무엇일까요?   (   )
>
> ② $\dfrac{1}{4} = \dfrac{1}{A} - \dfrac{1}{B} - \dfrac{1}{B}$ 이라고 할 때, A와 B의 값은 무엇일까요?   (   )
>
> ③ $\dfrac{1}{8} = \dfrac{1}{A} - \dfrac{1}{B} - \dfrac{1}{B}$ 이라고 할 때, A와 B의 값은 무엇일까요?   (   )
>
> ④ $\dfrac{1}{4} = \dfrac{1}{A} - \dfrac{1}{B} - \dfrac{1}{C} - \dfrac{1}{C}$ 이라고 할 때, A, B, C의 값은 무엇일까요?   (   )

4. 논리적으로 추리해요

❶ 가장 옳게 말한 사람은 누구?

주어진 설명과 관련하여 가장 옳게 말한 사람은 누구일까요? 경수, 혜린, 은선, 경미는 모두 옳은 말을 합니다. 우리는 옳은 말을 한 사람을 찾는 것이 아니라 주어진 설명을 보고 그것과 관련하여 가장 옳게 말한 사람을 찾고 있다는 것을 잊지 마세요. 보기 의 문제를 잘 살펴보고, 문제를 해결해 보세요.

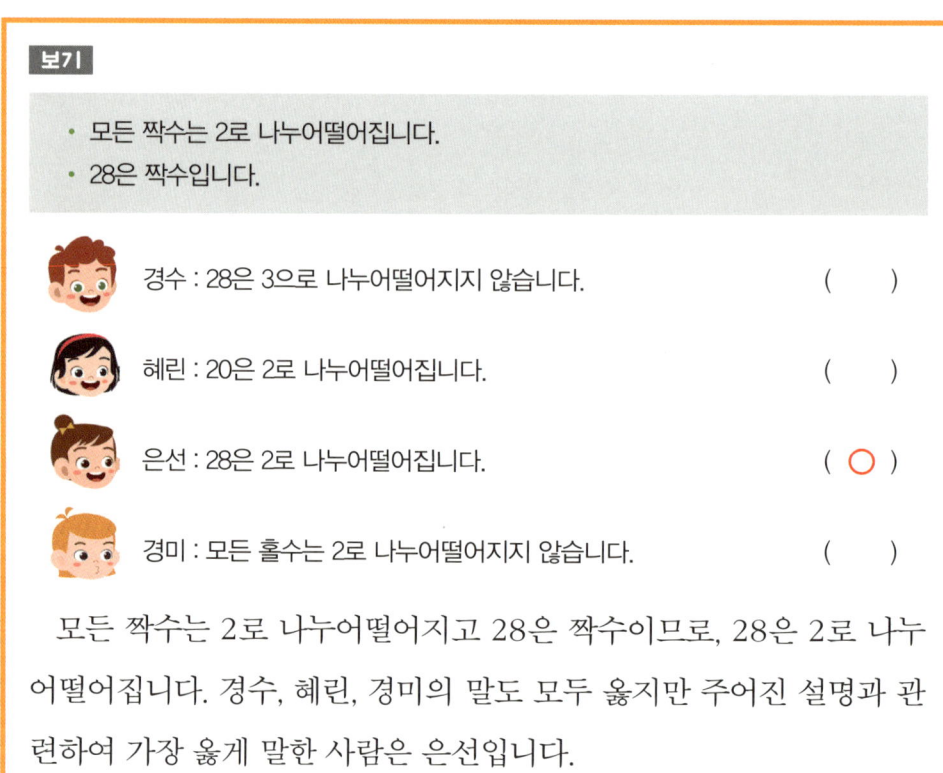

보기

- 모든 짝수는 2로 나누어떨어집니다.
- 28은 짝수입니다.

경수 : 28은 3으로 나누어떨어지지 않습니다. ( )

혜린 : 20은 2로 나누어떨어집니다. ( )

은선 : 28은 2로 나누어떨어집니다. (○)

경미 : 모든 홀수는 2로 나누어떨어지지 않습니다. ( )

모든 짝수는 2로 나누어떨어지고 28은 짝수이므로, 28은 2로 나누어떨어집니다. 경수, 혜린, 경미의 말도 모두 옳지만 주어진 설명과 관련하여 가장 옳게 말한 사람은 은선입니다.

도전 1

- (어떤 수)를 5로 나누었을 때 나머지가 3이면, (어떤 수)+2는 5로 나누어떨어집니다.
- 18을 5로 나누면 나머지가 3입니다.

경수 : 15는 5로 나누어떨어집니다. ( )
혜린 : 20은 5로 나누어떨어집니다. ( )
은선 : 17은 5로 나누면 나머지가 3인 수가 아닙니다. ( )
경미 : 16은 5로 나누면 나머지가 1입니다. ( )

도전 2

- $60 \div 5 = 12$입니다.
- $50 \div 5 = 10$입니다.
- $40 \div 5 = 8$입니다.
- $30 \div 5 = 6$입니다.
- $20 \div 5 = 4$입니다.
- $10 \div 5 = 2$입니다.

경수 : 일의 자리의 숫자가 0인 수는 5로 나누어떨어집니다. ( )
혜린 : 일의 자리의 숫자가 5인 수도 5로 나누어떨어집니다. ( )
은선 : $60 \div 4 = 15$입니다. ( )
경미 : $80 \div 5 = 16$입니다. ( )

도전 3

- 8로 나누어떨어지는 수는 4로도 나누어떨어집니다.
- 72는 8로 나누어떨어집니다.

경수 : 72는 9로 나누어떨어집니다. ( )
혜린 : 72는 4로 나누어떨어지므로 2로도 나누어떨어집니다. ( )
은선 : 72는 5로 나누어떨어지지 않습니다. ( )
경미 : 72는 4로 나누어떨어집니다. ( )

❷ 표를 이용하여 해결해요

은숙, 정훈, 수영, 연서는 300원, 400원, 500원, 600원을 가지고 있어요. 누가 얼마를 가지고 있는지는 모른답니다. 은숙, 정훈, 수영, 연서가 가지고 있는 돈은 각각 얼마일까요? 주어진 단서를 보고 아이들이 가지고 있는 돈이 얼마인지 알아보세요.

> 단서 1 : 연서는 은숙이보다 돈을 더 많이 가지고 있습니다.
> 단서 2 : 수영이가 가지고 있는 돈은 300원이 아닙니다.
> 단서 3 : 은숙이는 정훈이보다 200원 더 많이 가지고 있습니다.

다음과 같은 문제는 어떻게 해결하는 것이 좋을까요? 주어진 단서를 보고 표에 ○, × 표시를 하면서 해결하면 문제를 더욱 쉽게 해결할 수 있어요. 자, 그럼 해결해 볼까요? 표에 ○, × 표시를 하다가 어렵다고 생각되면 아래 설명을 보면서 문제를 해결하세요.

	은숙	정훈	수영	연서
300원				
400원				
500원				
600원				

연서는 은숙이보다 돈을 더 많이 가지고 있으므로 연서가 가지고 있는 돈은 300원이 아닙니다. (연서, 300원, ×)

수영이가 가지고 있는 돈은 300원이 아닙니다. (수영, 300원, ×)

은숙이는 정훈이보다 200원 더 많이 가지고 있으므로 정훈이는 300원, 은숙이는 500원을 가지고 있습니다.

단서 1에서 연서는 은숙이보다 돈을 더 많이 가지고 있으므로 연서는 600원을 가지고 있습니다.

따라서 수영이가 가지고 있는 돈은 400원이 됩니다.

도전 1 민수, 해주, 은정, 정민이는 숫자 카드 ③ ⑤ ⑥ ⑧ 을 가지고 있어요. 누가 어떤 숫자 카드를 가지고 있는지는 모른답니다. 민수, 해주, 은정, 정민이가 가지고 있는 숫자 카드는 각각 무엇일까요? 주어진 단서를 보고 아이들이 가지고 있는 숫자 카드를 알아보세요.

단서 1 : 해주와 은정이는 짝수를 가지고 있습니다.
단서 2 : 정민이가 가지고 있는 수는 가장 작은 수가 아닙니다.
단서 3 : 은정이가 가지고 있는 수는 해주보다 작습니다.

	민수	해주	은정	정민
3				
5				
6				
8				

민수의 숫자 카드는 ☐ , 해주의 숫자 카드는 ☐ ,
은정의 숫자 카드는 ☐ , 정민의 숫자 카드는 ☐ 입니다.

좀 더 복잡한 문제를 해결해 볼까요? 표를 이용하여 도전 2 문제를 해결해 보세요.

도전 2 A, B, C, D 네 학생이 바자회에서 산 물건은 머리핀, 부채, 연필, 장난감입니다. 물건의 가격은 각각 100원, 300원, 400원, 500원이라고 할 때, A, B, C, D 네 학생이 각각 산 물건은 무엇이고 물건의 가격은 얼마인지를 구하려고 합니다. 표를 채우고 빈칸에 알맞은 말을 써넣으세요.

- C는 연필 아니면 장난감을 샀습니다.
- 부채는 연필보다 비싸고 장난감보다 쌉니다.
- A는 가장 비싼 물건을 샀습니다.
- 400원 하는 장난감은 D가 샀습니다.

	A	B	C	D	100원	300원	400원	500원
머리핀								
부채								
연필								
장난감								

A가 산 물건은 _____, B가 산 물건은 _____, C가 산 물건은 _____, D가 산 물건은 _____ 입니다.

머리핀은 _____ 원, 부채는 _____ 원, 연필은 _____ 원, 장난감은 _____ 원입니다.

다답 수학
답은 하나가 아니야!

1. 세 자리 수의 덧셈 만들기

민수가 수 모형을 이용하여 세 자리 수의 덧셈을 하고 있어요. 민수가 덧셈을 하고 있는 세 자리 수 두 개를 알아맞혀 보세요.

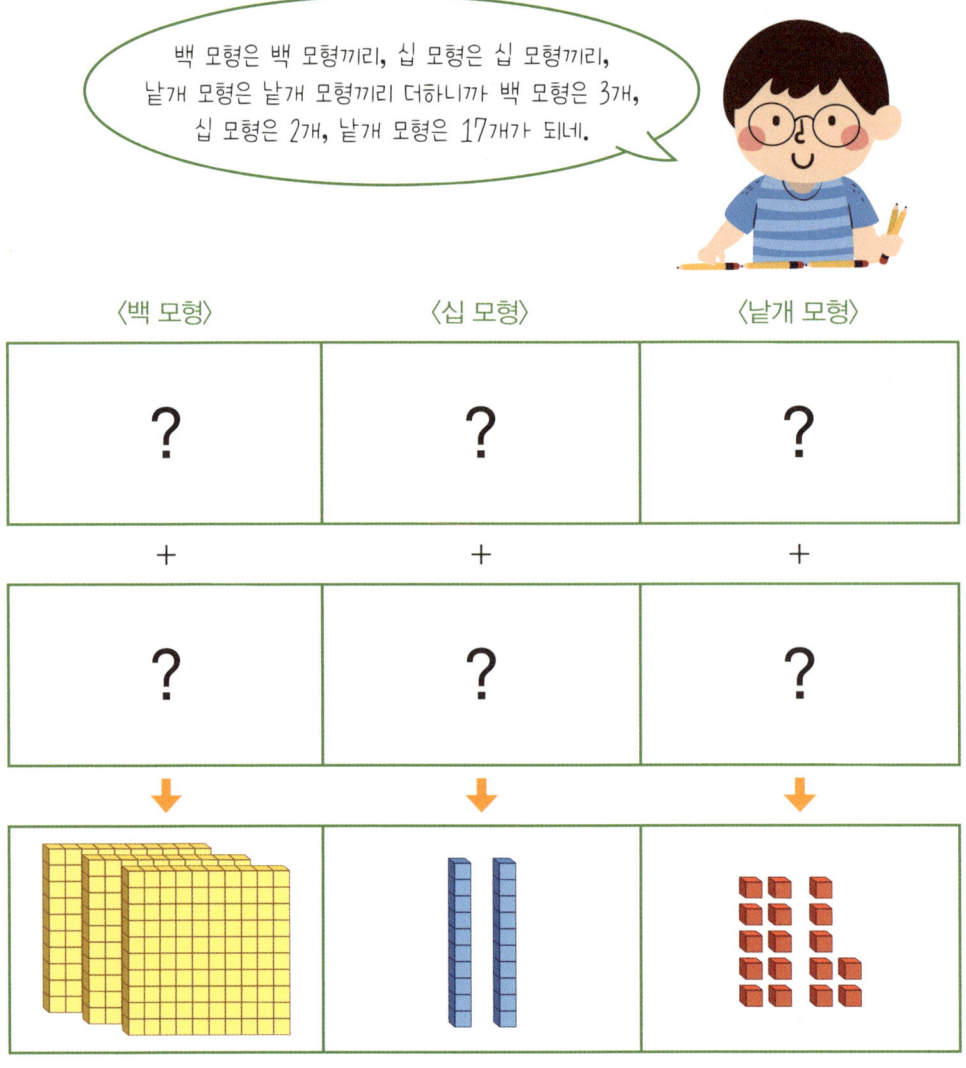

백 모형은 백 모형끼리, 십 모형은 십 모형끼리, 낱개 모형은 낱개 모형끼리 더하니까 백 모형은 3개, 십 모형은 2개, 낱개 모형은 17개가 되네.

도전 1 민수가 계산한 덧셈식의 정답은 무엇일까요?

(   )

민수가 계산하고 있는 덧셈식은 무엇일까요? 민수가 계산하고 있는 덧셈식은 다양하게 나올 수 있어요. 아래 1과 2를 살펴보세요.

1 108 + 229 = 337

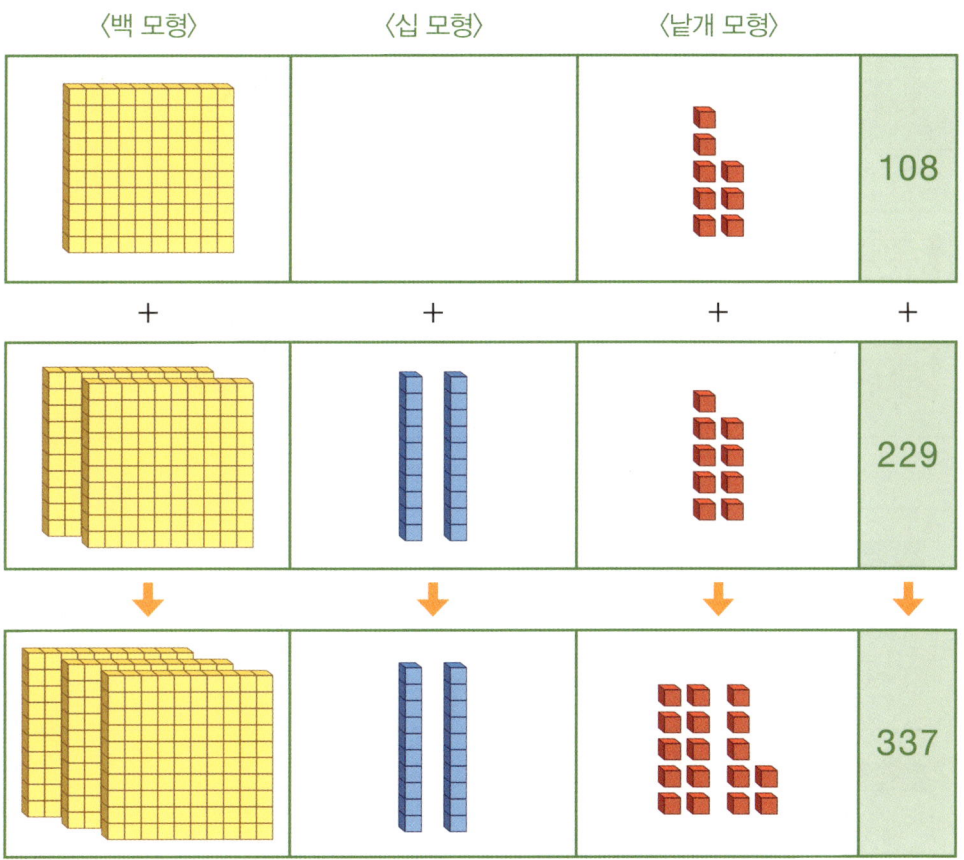

2 109 + 228 = 337

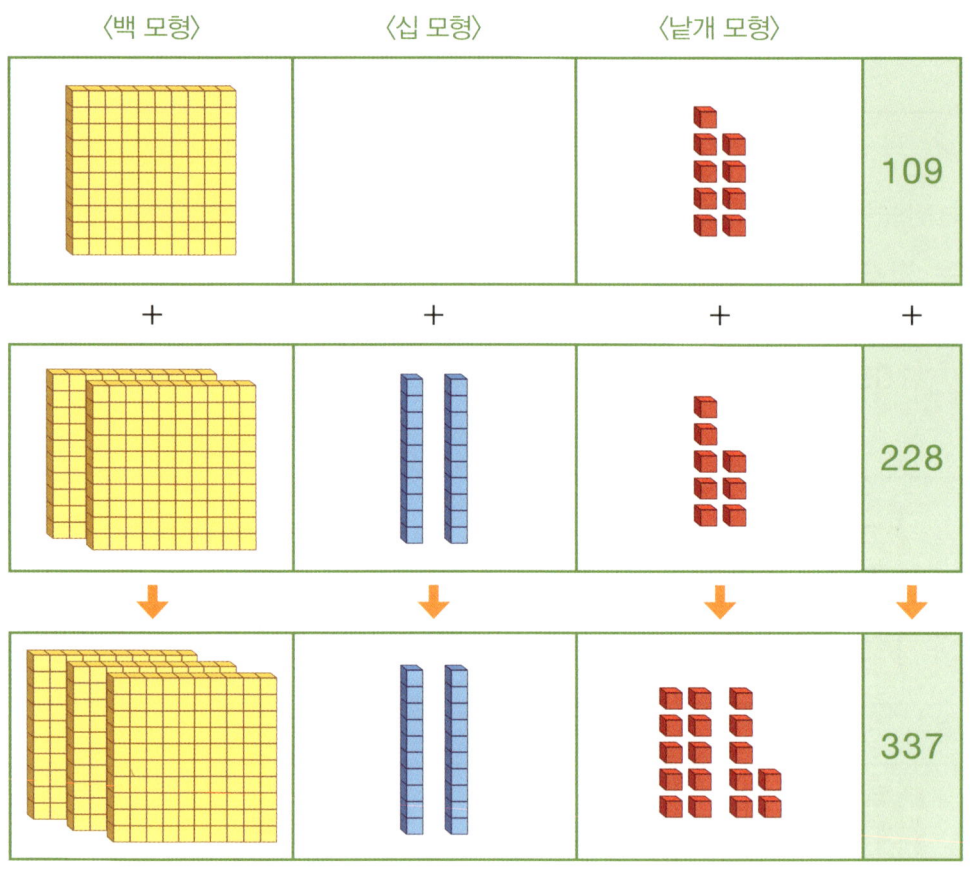

> **도전 2** 민수가 계산하고 있는 덧셈식이 될 수 있는 식을 10개 더 써 보세요.
>
> ─────────────────
> ─────────────────
> ─────────────────
>
> **참고!**
>
> 낱개 모형이 17개이므로 일의 자리에서 받아 올림이 있는 덧셈식을 만들어야 해요.

2. 식 만들기

빈칸에 알맞은 수를 써넣어서 식을 완성하려고 해요. 만들 수 있는 식을 3개씩 써 보세요. (단, 하나의 식을 만들 때 빈칸에 같은 수를 중복해서 사용할 수 없습니다.)

보기

□□ + □□ = 36

❶ 10+26 ❷ 20+16
❸ 16+20 ❹ 26+10

(두 자리 수)+(두 자리 수)=(두 자리 수)이므로 두 자리 수 중에서 가장 작은 수인 10부터 넣어보면, 10+26, 11+25, 12+24, 13+23, 14+22, 15+21, 16+20, 17+19, 18+18, 19+17, 20+16, 21+15, 22+14, 23+13, 24+12, 25+11, 26+10이 됩니다. 이 중에서 같은 수가 들어가지 않은 덧셈식은 10+26, 16+20, 20+16, 26+10이 됩니다.

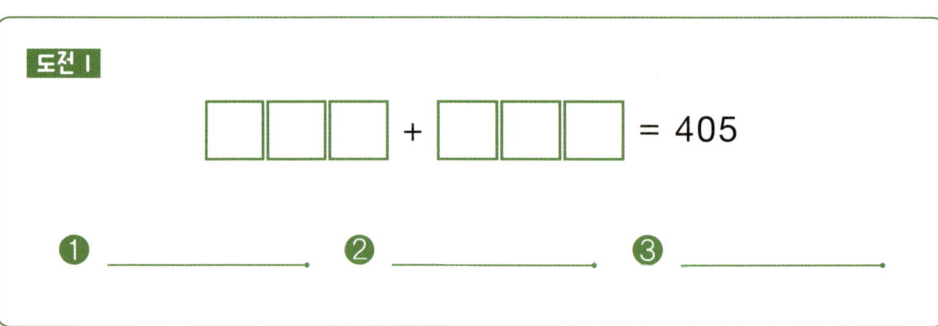

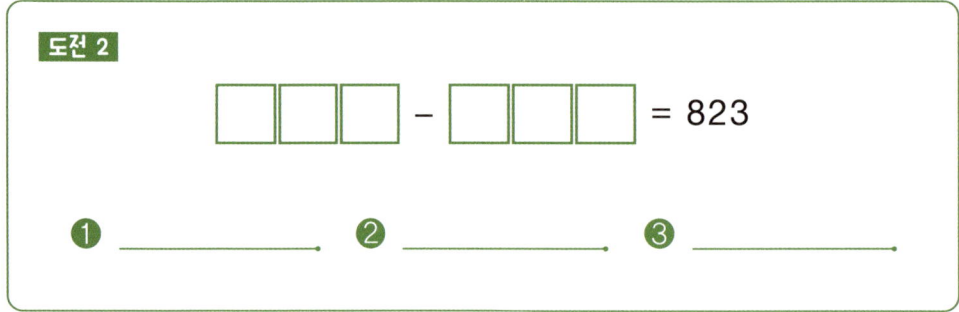

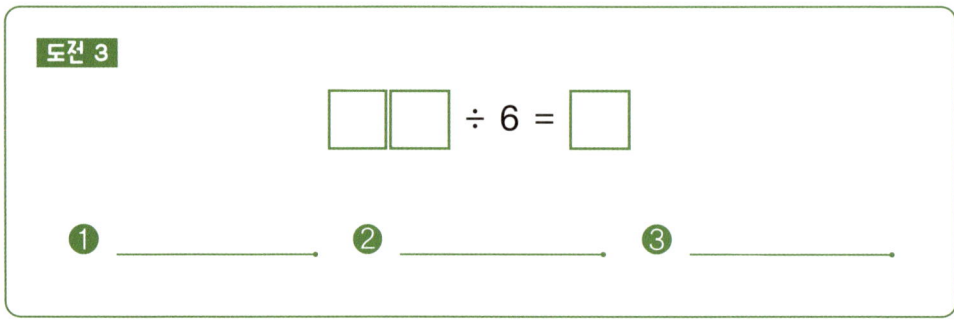

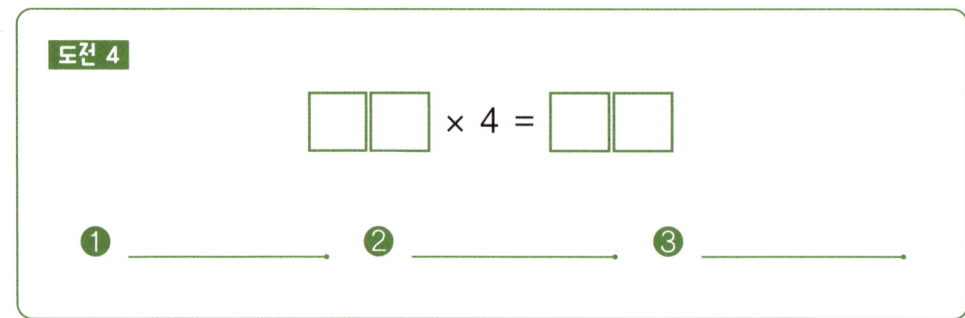

3. 나눗셈의 의미

❶ 알쏭달쏭 아이스크림 나누기

송희는 아빠, 엄마와 함께 길을 걷다가 아이스크림 가게 앞을 지나가게 되었어요. 가게 앞에서는 한 손님이 아이스크림 12개가 들어 있는 상자를 사고 있었어요. 저 많은 아이스크림을 누구와 함께 나눠 먹으려는 걸까? 송희는 아이스크림 12개를 똑같이 나눌 수 있는 방법을 생각해 보았어요. 그리고 집으로 돌아와 다음과 같은 식을 적었어요.

아이스크림 12개를
똑같이 나누는 방법

$12 \div 1 = 12$

이 식을 보고, 엄마는 송희에게 이렇게 말씀하셨어요.

아이스크림 12개를 한 명에게 나누어 준다고?
그럼 한 사람이 혼자 12개를 먹으니까
배탈이 날 텐데……
더 많은 사람에게 나누어 주면 안 될까?

그리고 아빠는 이렇게 말씀하셨어요.

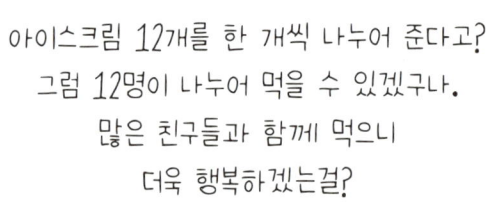
아이스크림 12개를 한 개씩 나누어 준다고?
그럼 12명이 나누어 먹을 수 있겠구나.
많은 친구들과 함께 먹으니
더욱 행복하겠는걸?

엄마와 아빠의 이야기를 듣고 송희는 나눗셈에 대해서 생각해 보았어요.

1 엄마와 아빠의 말씀이 모두 옳은 것일까요, 아니면 누군가는 잘못 생각한 것일까요?

―――――――――――――――――――――
―――――――――――――――――――――

2 1번과 같이 생각한 이유를 써 보세요.

―――――――――――――――――――――
―――――――――――――――――――――
―――――――――――――――――――――
―――――――――――――――――――――
―――――――――――――――――――――

도전 1 12÷1=12 이외에도 아이스크림 12개를 똑같이 나누는 방법은 많아요. 그중 하나를 골라 나눗셈식으로 나타내고, 이야기 속 엄마와 아빠가 되어 이야기를 만들어 보세요.

아이스크림 12개를 똑같이 나누는 방법

12 ÷ (　) = (　)

❷ 송희와 서형이의 도넛 나누기

단짝인 송희와 서형이는 오늘 함께 공부를 하기로 약속하고 송희네 집으로 가던 중 도넛 가게 앞을 지나가게 되었어요. 가게 앞에는 도넛 12개가 6개씩 2줄로 진열되어 있었어요. 집으로 와서 도넛 12개를 똑같이 나누는 방법에 대해 공부를 하던 송희와 서형이는 각각 다음과 같이 적었어요.

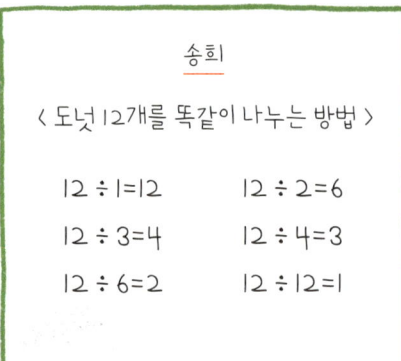

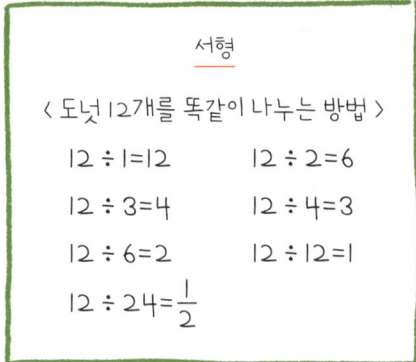

송희는 $12 \div 24 = \frac{1}{2}$이 무슨 뜻인지 궁금했어요. 그래서 $12 \div 24 = \frac{1}{2}$을 가리키며 서형이에게 무슨 뜻인지 설명해 달라고 하였지요.

도전 1 서형이는 무슨 생각을 한 것일까요? 서형이가 되어서 송희에게 설명해 주세요.

설명하기가 어려우면 아래 만화를 살펴보세요.

친구들과 사이좋게 나누어 먹어라.

도넛 2개를 4명이 어떻게 나누어 먹지?

$2 \div 4 = ?$

반씩 잘라서 먹으면 되겠네.

오호~

$2 \div 4 = \dfrac{1}{2}$

> **도전 2** 서형이는 빈칸에 또 어떤 식을 적을 수 있을까요?

4. 분수의 크기

❶ 분수만큼 색칠하기

$\frac{2}{3}$만큼을 여러 가지 방법으로 색칠해 보세요. (단, 그림을 돌리거나 뒤집었을 때 같은 모양이 되는 것은 같은 방법으로 생각합니다.)

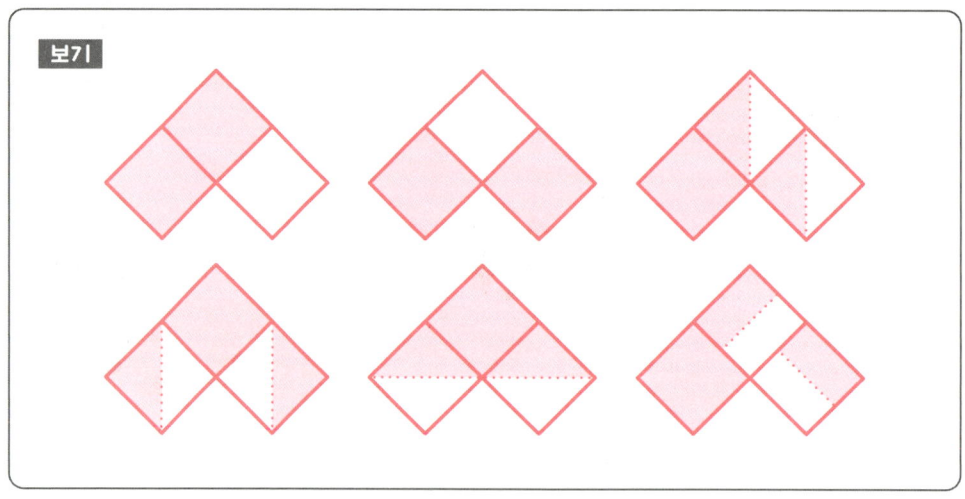

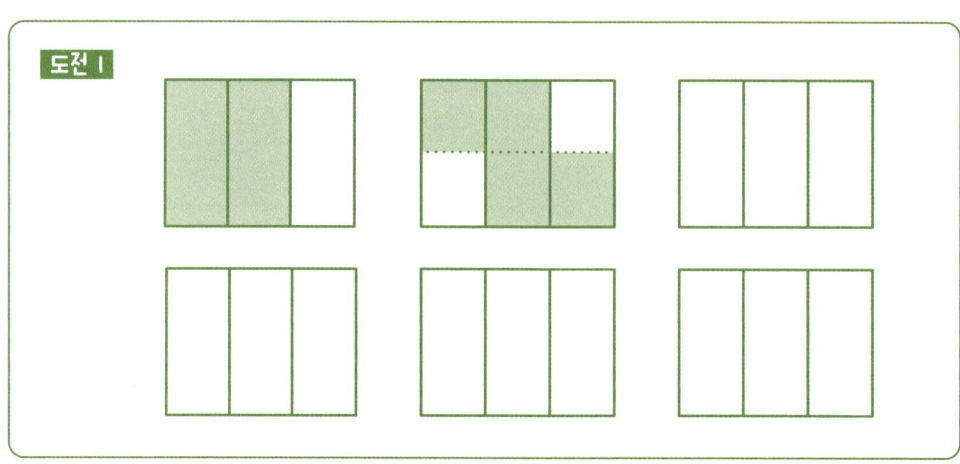

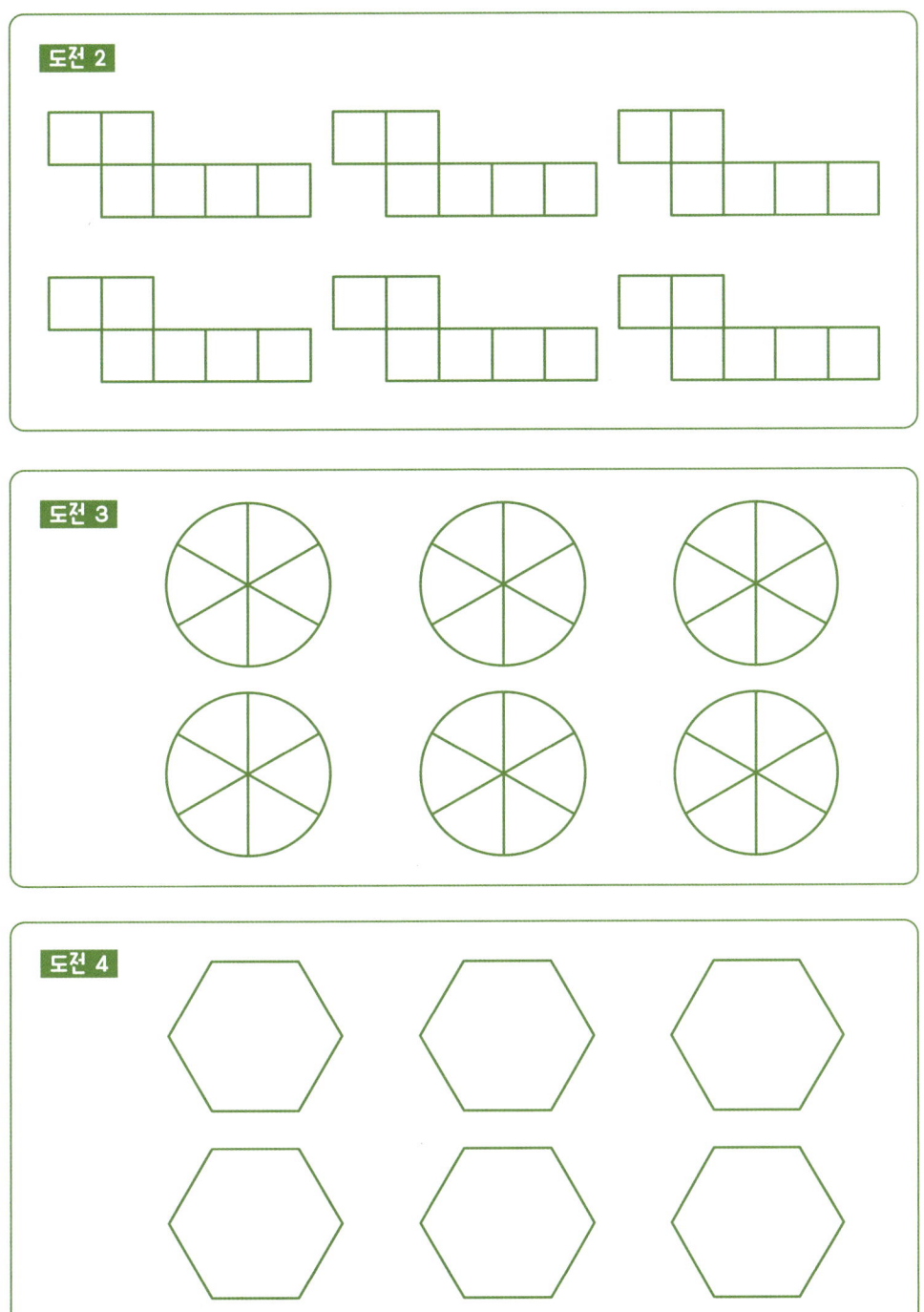

❷ 분수의 크기 비교하기

보기 의 분수를 이용하여 분수의 크기를 비교해 보세요.

보기	$\frac{1}{6}$	$\frac{3}{8}$	$\frac{5}{8}$	$\frac{5}{6}$	$\frac{1}{4}$	$\frac{3}{6}$	$\frac{2}{4}$	$\frac{3}{5}$
	$\frac{4}{5}$	$\frac{1}{2}$	$\frac{3}{4}$	$\frac{1}{3}$	$\frac{2}{5}$	$\frac{1}{8}$	$\frac{5}{5}$	$\frac{7}{8}$

도전 1 분수 2개의 크기를 비교해 보세요.

예) $\frac{1}{6} < \frac{1}{4}$ 예) $\frac{1}{8} < \frac{7}{8}$ ❶ _____   ❷ _____

도전 2 분수 3개의 크기를 비교해 보세요.

예) $\frac{1}{6} < \frac{1}{4} < \frac{1}{2}$ ❶ _____   ❷ _____   ❸ _____

도전 3 분수 4개의 크기를 비교해 보세요.

❶ _____   ❷ _____   ❸ _____

도전 4 분수 5개의 크기를 비교해 보세요.

❶ _____   ❷ _____

❸ 같은 양을 여러 방법으로 표현하기

보기 는 $1\frac{3}{4}$을 여러 가지 방법으로 나타낸 것입니다. 그림을 보고 보기 와 같이 여러 가지 방법으로 나타내어 보세요.

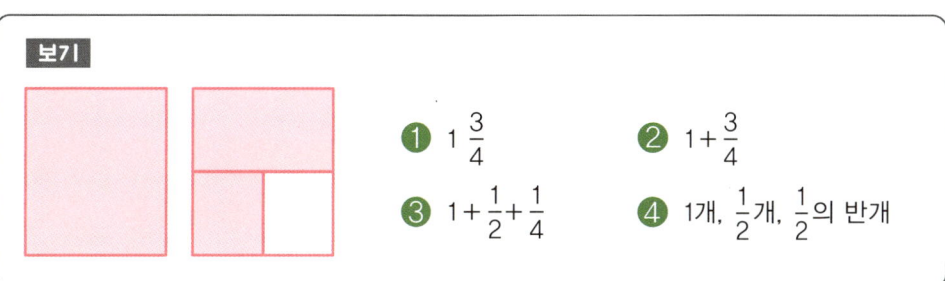

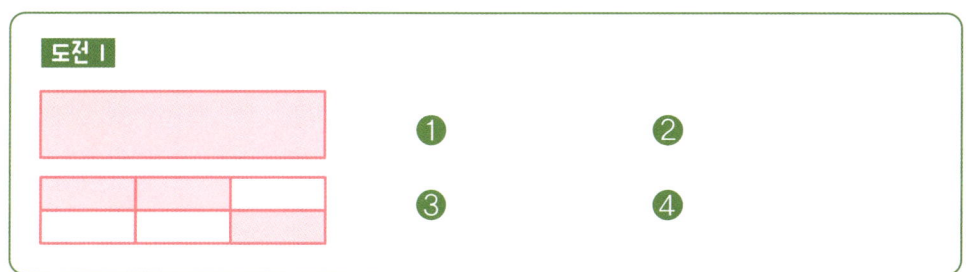

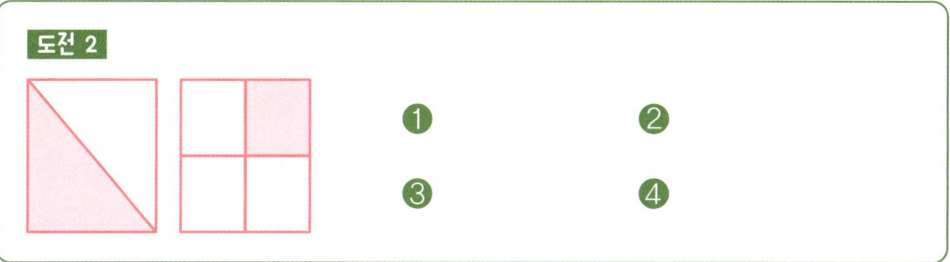

5. 무게의 합과 차

수미와 연서가 엄마와 함께 시장에 가서 산 음식에 대한 정보가 다음과 같아요. 이 정보를 보고 물음에 답하세요.

- 밀가루의 무게는 1 kg입니다.
- 멜론은 밀가루보다 300 g 더 무겁고, 수박은 멜론보다 800 g 더 무겁습니다.
- 과자는 멜론보다 600 g 더 가볍고, 옥수수는 밀가루보다 100 g 더 가볍습니다.

도전 1 보기와 같이 문장을 완성하세요.

보기

수미가 <u>수박, 밀가루</u> 를 들고 가고
연서가 <u>멜론, 과자, 옥수수</u> 를 들고 가면,
<u>수미</u> 가 <u>200</u> g 더 들고 가게 됩니다.

❶ 수미가 _____ 를 들고 가고
   연서가 _____ 를 들고 가면,
   ____ 가 ____ g 더 들고 가게 됩니다.

❷ 수미가 _____ 를 들고 가고
   연서가 _____ 를 들고 가면,
   ____ 가 ____ g 더 들고 가게 됩니다.

❸ 수미가 _____ 를 들고 가고
   연서가 _____ 를 들고 가면,
   ____ 가 ____ g 더 들고 가게 됩니다.

도전 2 엄마, 수미, 연서가 음식을 들고 집에 가려고 해요. 들고 갈 음식의 무게가 엄마〉수미〉연서가 되도록 할 때, 나누어 들 수 있는 방법을 5가지 쓰세요. (단, 한 사람당 들고 갈 무게가 3 kg보다 적도록 합니다.)

	엄마	수미	연서
예)	수박, 과자	멜론, 밀가루	옥수수
1			
2			
3			
4			
5			

퍼즐·게임 수학
재미는 나누자!

1. 알파벳 퍼즐

알파벳 퍼즐은 여러 개의 원으로 이루어진 알파벳 모양에서 일렬로 되어 있는 원 안의 수들의 합이 같도록 원 안에 수를 넣는 퍼즐입니다. 여러 가지 알파벳으로 다양한 퍼즐을 만들 수 있겠지요? 이 책에서는 알파벳 V와 H 모양의 퍼즐을 해결해 보도록 해요.

❶ 신비한 V 퍼즐

아래의 V 퍼즐은 5~11까지의 수를 이용하여 각 줄의 합이 31이 되도록 한 것이에요.

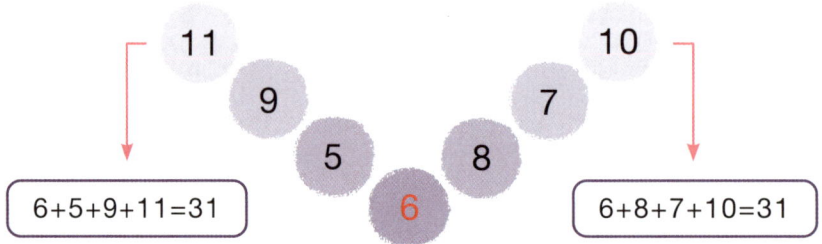

V 퍼즐의 비밀을 살펴볼까요?

위의 V 퍼즐을 살펴보면, 뾰족한 부분의 원 안에 있는 수인 6은 두 개의 줄에 모두 포함되어 있다는 것을 알 수 있어요. 따라서 뾰족한 부분에 있는 수를 제외한 나머지 세 수의 합은 25(31-6)가 되어야 해요.

그럼, 각 줄의 합이 31인 V 퍼즐의 해결 방법을 알아볼까요?

각 줄의 합이 31이면 두 줄의 합은 31+31=62가 됩니다.

5+6+⋯+10+11=56이고 62-56=6이므로 두 개의 줄에 모두 포함되어 있는 뾰족한 부분에 들어갈 수는 6이 되지요.

뾰족한 부분에 6이 들어가므로 한 줄에 있는 나머지 세 개의 원 안에 들어갈 수의 합은 31-6=25가 되어야 해요.

세 수의 합이 25가 되도록 세 수를 조합해 보면 다음과 같아요.

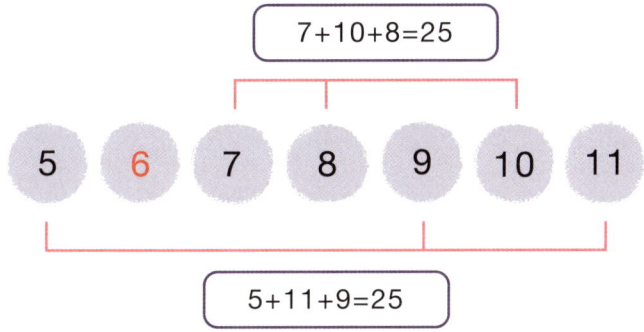

세 수를 조합할 때는 먼저 양쪽 끝에 있는 수인 5와 11을 묶고, 7과 10을 묶어요. 5+11=16, 7+10=17이므로 남아 있는 8과 9 중에서 더 큰 수인 9를 5, 11과 묶고, 더 작은 수인 8을 7, 10과 묶어요. 그러면 5+11+9=25, 7+10+8=25가 돼요. 따라서 한 줄은 (5, 9, 11), 다른 한 줄은 (7, 8, 10)이 되고, 이 때 각 줄에 있는 수의 순서는 바뀔 수도 있답니다.

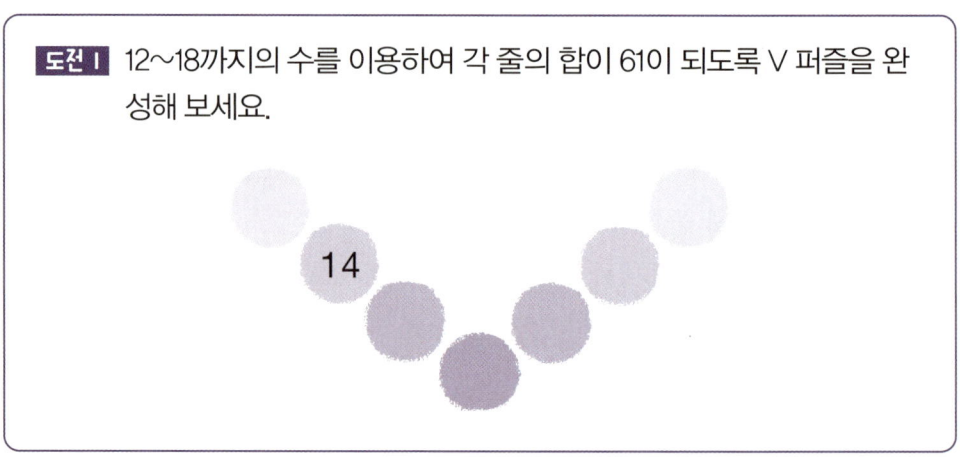

이번에는 남은 세 수의 조합 방법이 조금 다른 문제를 해결해 볼까요? 5~11까지의 수를 이용하여 각 줄의 합이 32가 되도록 V 퍼즐을 완성해 보려고 해요.

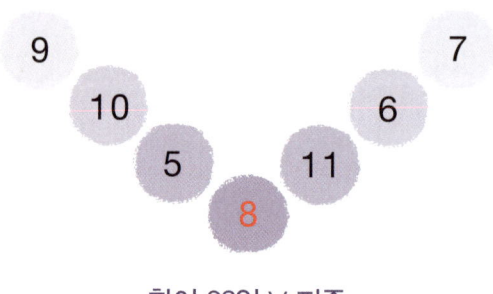

합이 32인 V 퍼즐

이 경우에는 위의 방법대로 뾰족한 부분에 들어갈 수를 구하면 뾰족한 부분에 들어갈 수는 8이 되고, 한 줄에 있는 나머지 세 개의 원 안에 들어갈 수의 합은 32-8=24가 되어야 해요.

세 수의 합이 24가 되도록 남은 수를 조합해 보면 다음과 같아요.

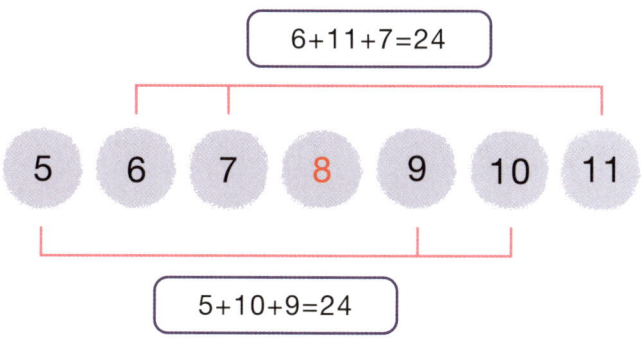

만약 양쪽 끝에 있는 수인 5와 11을 묶게 되면 세 수의 합이 24가 되도록 수를 조합할 수 없어요. 7과 9는 2만큼 차이가 나고 5, 6, 10, 11을 수의 합이 2만큼 차이가 나도록 두 개씩 묶으면 (5, 10), (6, 11)이 되지요. 5+10=15, 6+11=17이므로 7은 6, 11과 묶고 9는 5, 10과 묶으면 각 줄의 합이 32인 V퍼즐이 완성된답니다.

V 퍼즐의 비밀을 알았다면 아래 문제에도 도전해 보세요.

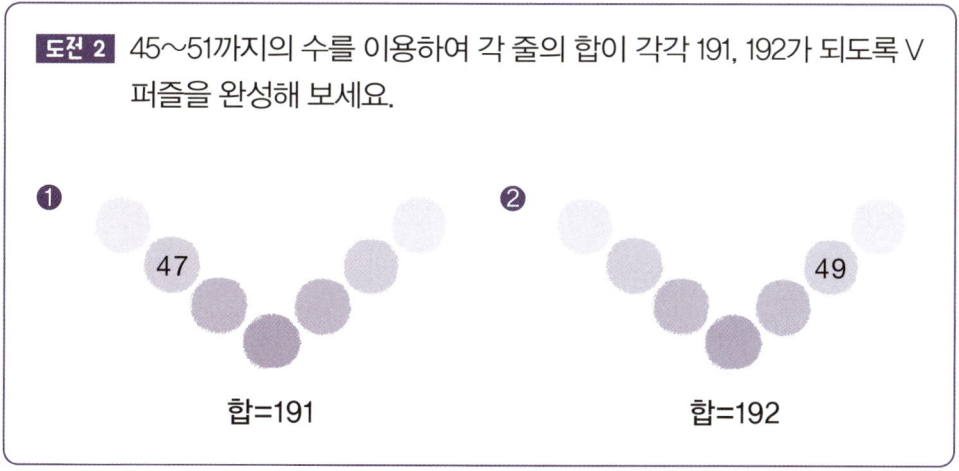

도전 2 45~51까지의 수를 이용하여 각 줄의 합이 각각 191, 192가 되도록 V 퍼즐을 완성해 보세요.

❷ 신비한 H 퍼즐

아래의 H 퍼즐은 1~7까지의 수를 이용하여 가로, 세로의 각 줄의 합이 13이 되도록 한 것이에요.

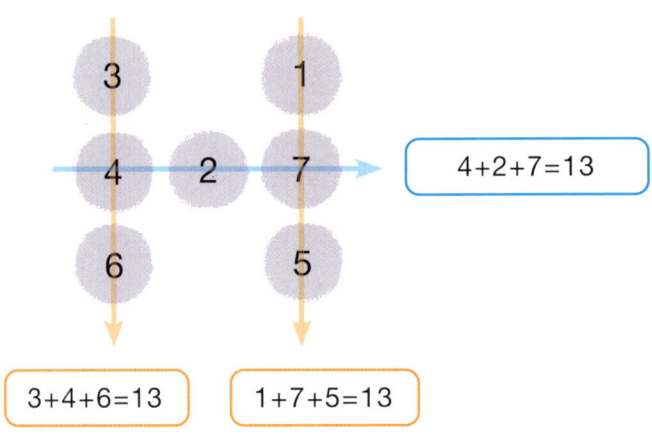

H 퍼즐의 비밀을 살펴볼까요?

위의 H 퍼즐을 살펴보면, 4와 7은 가로줄에 한 번, 세로줄에 한 번, 총 두 번 포함되어 있다는 것을 알 수 있어요.

그럼 가로, 세로 각 줄의 합이 13인 H 퍼즐의 해결 방법을 알아볼까요?

각 줄의 합이 13이 되려면 세 줄의 합은 13+13+13=39가 되지요.

1+2+3+⋯+6+7=28이고 39-28=11이므로 총 두 번 포함되는 동그라미 속의 두 수의 합은 11이 됩니다.

1~7까지의 수 중에서 합하면 11이 되는 두 수는 (4, 7), (5, 6)이에요.

두 번 포함되는 동그라미 속의 두 수가 각각 4와 7일 경우, 가로줄의 가운데에 들어갈 수는 2가 되고 남은 수는 1, 3, 5, 6이 돼요.

이제 세로줄을 살펴보아요. 13-4=9, 13-7=6이므로 남은 수 1, 3, 5, 6을 잘 조합하여 합이 9와 6이 되도록 만들면 (3, 6), (1, 5)가 되지요.

따라서 4가 포함된 세로줄에는 3과 6이 들어가고 7이 포함된 세로줄에는 1과 5가 들어가요. 이때 3과 6, 1과 5의 위치는 바뀔 수도 있어요.

두 번 포함되는 동그라미 속의 두 수가 각각 5와 6일 경우, 가로줄의 가운데에 들어갈 수는 2가 되고 남은 수는 1, 3, 4, 7이 돼요.

이제 세로줄을 살펴보아요. 13-5=8, 13-6=7이므로 남은 수 1, 3, 4, 7을 잘 조합하여 합이 8과 7이 되도록 만들면 (1, 7), (3, 4)가 되지요.

따라서 5가 포함된 세로줄에는 1과 7이 들어가고 6이 포함된 세로줄에는 3과 4가 들어가요. 이때 1과 7, 3과 4의 위치는 바뀔 수도 있어요.

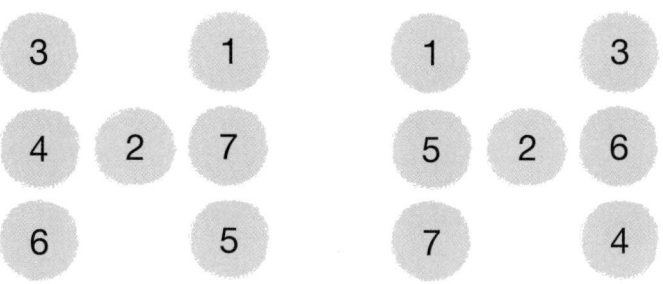

도전 1 15~21까지의 수를 이용하여 가로, 세로의 각 줄의 합이 53이 되도록 H 퍼즐을 완성해 보세요.

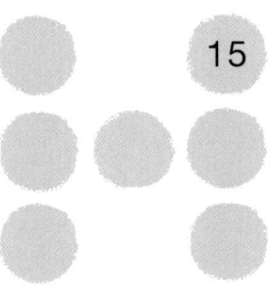

도전 2 50~56까지의 수를 이용하여 가로, 세로 각 줄의 합이 각각 158, 160이 되도록 H 퍼즐을 완성해 보세요.

❶ 50

합=158

❷ 54

합=160

2. 네모네모 곱셈 퍼즐

　네모네모 곱셈 퍼즐은 1번 칸과 5번 칸의 수를 곱한 값은 3번 칸에, 1번 칸과 8번 칸의 수를 곱한 값은 6번 칸에, 1번 칸과 11번 칸의 수를 곱한 값은 9번 칸에, 2번 칸과 5번 칸의 수를 곱한 값은 4번 칸에, 2번 칸과 8번 칸의 수를 곱한 값은 7번 칸에, 2번 칸과 11번 칸의 수를 곱한 값은 10번 칸에 써서 모든 네모 칸을 채우는 퍼즐입니다. 네모네모 곱셈 퍼즐에서는 같은 수를 중복해서 사용할 수 없어요.

　다음의 네모네모 곱셈 퍼즐을 함께 해결해 볼까요?

1	2	
3	4	5
6	7	8
9	10	11

　(1) 먼저 4×2=8, 4×6=24이므로 8과 24를 빈칸에 써요.

　(2) 곱했을 때 30이 되는 두 수를 생각해 보면 1×30, 2×15, 3×10, 5×6이 있어요. 이 중에서 30, 2, 6은 이미 퍼즐 칸에 있으므로 곱해서 30이 되는 두 수는 3과 10이 돼요.

4	10	
8	20	2
12	30	3
24	60	6

　(3) 3과 10 중에서 3을 30의 맨 윗칸, 10을 30의 오른쪽 칸에 넣으면 3×2=6이 또 나오게 되므로, 10을 30의 맨 윗칸에 쓰고 3을 30의 오른쪽 칸에 써야 해요.

　(4) 10×2=20, 10×6=60, 4×3=12를 하여 남은 칸들을 채워요.

도전 1 네모네모 곱셈 퍼즐을 해결해 보세요.

❶
	7
54	
12	
36	

❷
	4
84	
	56
42	

❸
		7
84		
	63	
60		

❹
12		
36		
	18	
	94	

❺
24		
		11
	44	
		15

❻
3		
		36
72		
	38	

도전 2 조금 더 복잡한 네모네모 곱셈 퍼즐을 해결해 보세요.

❶
	24	
95		
38		
		9
57		
		7
	56	4
		13

❷
	9	3		6	
84					
		87			
	90				
				72	
			82		

칸이 많아졌다고 당황하지 마세요. 각 칸에는 각 칸의 맨 위에 있는 수와 가장 오른쪽에 있는 수를 곱한 값을 써 주면 됩니다.

◆	★	♥	
◆×■	★×■	♥×■	■
◆×▲	★×▲	♥×▲	▲
◆×●	★×●	♥×●	●

3. 수학 게임

❶ 곱셈 땅따먹기

곱셈 땅따먹기 게임은 2~9까지의 수들 중에서 몇 개를 골라 그 수들을 곱하고 곱한 값이 써져 있는 땅을 차지하는 게임이에요.

아래 게임 방법을 잘 익혀서 곱셈 땅따먹기 게임을 해 보세요.

인 원	2~4명	준 비 물	색연필(사람당 한 가지 색), 연습 종이, 연필, 초시계
게임 방법			

1. 가위바위보를 하여 게임 순서를 정합니다.
2. 2~9까지의 수들 중에서 몇 개를 고릅니다.
3. 자신이 선택한 수들의 곱을 구합니다. (이때, 같은 수를 여러 번 곱할 수는 없습니다.)
4. 곱을 계산한 결과가 써져 있는 칸들 중에서 한 칸만 골라 색칠을 합니다.
5. 더 이상 색칠을 할 수 있는 칸이 없을 때 경기가 끝납니다.
6. 변끼리 서로 연결되어 색칠된 직사각형이 가장 많은 사람이 이깁니다.

2, 4, 5를 고르면 2×4×5=40이 되니까 40이 써져 있는 칸 하나를 색칠하면 돼.

140을 만들고 싶은데······. 2×5×7×2를 하면 140이 되네. 그런데 같은 수를 여러 번 곱할 수 없으니까 4×5×7을 하면 되겠군.

유의점	1. 한 사람당 수를 선택하여 곱할 수 있는 시간은 1분입니다. 2. 계산 결과가 써져 있는 칸들 중에서 반드시 한 칸만 골라서 색칠해야 하며, 누구든지 다른 방법을 사용하여 똑같은 결과를 만들었을 경우에는 남아있는 칸들 중에서 한 칸을 골라서 색칠할 수 있습니다. (단, 수의 순서만 바뀐 경우는 같은 것으로 생각합니다.) 3. 색칠한 직사각형은 변끼리 서로 연결되어 있어야 내 땅이 됩니다. (○표시한 땅은 내 땅이 될 수 있고, ×표시한 땅은 내 땅이 될 수 없습니다.)

이렇게도 해 봐요!

1. 같은 수를 여러 번 곱할 수 있도록 규칙을 바꿀 수도 있어요.
2. 각자 놀이판을 하나씩 갖고 이런 게임도 할 수 있어요. 주어진 시간 동안 종이 위에 자신이 만든 곱셈식을 순서대로 쓰면서 놀이판에 색칠하여 누가 더 많은 땅을 색칠하는지 대결해 볼 수도 있어요.
3. 놀이판의 크기를 더 작게 또는 더 크게 만들어서 할 수도 있어요.

놀이판 1

18	252	189	120	252	21	108	84	144
24	280	20	432	140	288	14	378	96
36	42	49	336	216	294	126	252	210
120	126	56	36	140	432	120	112	27
210	336	58	6	72	108	90	360	16
40	224	32	315	28	160	168	720	135
360	35	84	378	2520	24	8	126	15
60	64	48	105	84	504	16	180	432
48	336	240	10	45	336	30	192	63
12	168	35	96	20	54	72	270	30

놀이판 2

28	160	168	720	135	84	144	18	252
2520	24	8	126	15	378	96	24	280
84	504	16	180	432	252	210	36	42
45	336	30	192	63	40	224	120	126
20	54	72	270	30	360	35	210	336
32	315	189	120	252	60	64	21	108
84	378	20	432	140	48	336	288	14
48	105	49	336	216	12	168	294	126
240	10	56	36	140	112	27	432	120
35	96	58	6	72	360	16	108	90

❷ 나눗셈 빙고

나눗셈 빙고 게임은 주사위 2개를 굴려서 나온 주사위 눈의 합에 해당하는 미션을 활용하여 나눗셈식을 만드는 게임이에요. 나눗셈식을 만들 때에는 놀이판 위에 있는 수들 중에서 하나가 답이 되도록 만들어야 해요.

예를 들어, 주사위의 눈의 합이 3이 나왔다면 40이 들어가는 나눗셈식을 만들어야 하는데, 놀이판 위에 있는 수들 중에서 5를 색칠하고 싶다면 40÷8=5를 외치면 되지요. 가로줄과 세로줄을 합하여 2줄 빙고를 먼저 완성하는 사람이 이기는 게임이랍니다.

인 원	2명	준비물	주사위 2개, 연필, 초시계
게임 방법			

1. 가위바위보를 하여 게임 순서를 정합니다.
2. 이긴 사람이 먼저 주사위 2개를 굴립니다.
3. 주사위 눈의 합에 해당하는 미션을 활용하여 빙고판 위에 있는 수들 중에서 하나가 답이 되도록 나눗셈식을 만듭니다. (예를 들어, 미션이 '45가 들어가는 나눗셈식을 만드시오.'일 경우에 45÷9=5를 외칩니다.)
4. 1분 안에 순서 3을 성공하였을 경우, 나눗셈식의 계산 결과에 표시하고, 성공하지 못하였을 경우에는 상대방에게 기회가 넘어갑니다.
5. 가로줄과 세로줄에서 총 2줄을 완성하고 빙고를 외치는 사람이 이깁니다.

> 34가 들어가는 나눗셈식을 만드는 것이 미션이네. 34÷2=17이니까 17에 색칠해야지.

> 40이 들어가는 나눗셈식을 만들어야 하는데, 나는 지금 5에 색칠하고 싶으니까 40÷8=5를 하면 되겠네.

이렇게도 해 봐요!

1. 여러 가지 미션 카드를 직접 만들어서 뒤집어 놓고 순서대로 한 장씩 가져가면서 게임을 할 수도 있어요.
2. 놀이판의 크기를 더 작게 또는 더 크게 만들어서 할 수도 있어요.
3. 2줄 빙고가 아닌 3줄 빙고, 4줄 빙고 등을 할 수도 있어요.

미션

주사위 눈의 합	미션
2	75가 들어가는 나눗셈식을 만드시오.
3	400이 들어가는 나눗셈식을 만드시오.
4	8이 들어가는 나눗셈식을 만드시오.
5	360이 들어가는 나눗셈식을 만드시오.
6	45가 들어가는 나눗셈식을 만드시오.
7	42가 들어가는 나눗셈식을 만드시오.
8	76이 들어가는 나눗셈식을 만드시오.
9	88이 들어가는 나눗셈식을 만드시오.
10	34가 들어가는 나눗셈식을 만드시오.
11	39가 들어가는 나눗셈식을 만드시오.
12	자신이 원하는 나눗셈식을 만드시오.

놀이판 1

내 것				
11	25	6	12	17
20	1	16	21	5
10	15	13	4	22
24	2	9	3	18
19	14	7	23	8

친구 것				
11	25	6	12	17
20	1	16	21	5
10	15	13	4	22
24	2	9	3	18
19	14	7	23	8

놀이판 2

내 것				
1	10	3	15	24
20	9	19	8	16
11	22	2	14	4
21	12	18	13	7
25	6	23	17	5

친구 것				
1	10	3	15	24
20	9	19	8	16
11	22	2	14	4
21	12	18	13	7
25	6	23	17	5

놀이판 3

내 것				
5	12	23	4	11
18	17	1	22	16
25	6	13	14	3
7	19	9	21	10
8	20	24	2	15

친구 것				
5	12	23	4	11
18	17	1	22	16
25	6	13	14	3
7	19	9	21	10
8	20	24	2	15

❸ 달려라, 분수 기차!

달려라, 분수 기차 게임은 주사위를 굴려서 나온 수로 분수를 만들고 도착 지점에 해당하는 수의 분수만큼이 얼마인지 알아본 후 그 수만큼 앞으로 또는 뒤로 이동하여 도착 지점에 먼저 도착하는 사람이 이기는 게임이에요.

아래 게임 방법을 잘 익혀서 달려라, 분수 기차 게임을 해 보세요.

인 원	2~4명	준 비 물	게임판, 주사위 2개, 도착 말 1개, 이동 말(사람당 1개씩)
게임 방법			

1. 먼저 도착 지점을 결정하고 도착 말을 올려놓습니다.
2. 가위바위보를 하여 순서를 정합니다.
3. 이긴 사람이 먼저 주사위 2개를 굴립니다.
4. 주사위를 굴려서 나온 수들 중에서 큰 수를 분모, 작은 수를 분자로 하여 분수를 만듭니다. (같은 수가 나올 경우, 주사위를 다시 던집니다.)
5. 도착 지점 수의 분수만큼 기차 모양 말을 이동합니다. (예를 들어, 도착 지점이 60이고 주사위를 굴려서 3과 5가 나올 경우 60의 $\frac{3}{5}$만큼인 36칸을 이동합니다.)
6. 기차 모양 말은 앞으로도 이동할 수 있고 뒤로도 이동할 수 있습니다. 단, 말을 이동했을 때 출발 지점이나 도착 지점의 밖으로 나가지 않도록 해야 합니다.
7. 앞으로 뒤로 왔다 갔다 하다가 제일 먼저 도착 지점에 도착한 사람이 이깁니다.

------------------ 잘라서 쓰세요! ------------- --

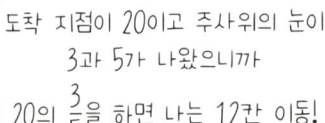

도착 지점이 20이고 주사위의 눈이 3과 5가 나왔으니까 20의 $\frac{3}{5}$을 하면 나는 12칸 이동!

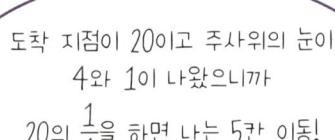

도착 지점이 20이고 주사위의 눈이 4와 1이 나왔으니까 20의 $\frac{1}{4}$을 하면 나는 5칸 이동!

유의점	1. 도착 지점으로 정하면 안 되는 수들이 있습니다. 2, 3, 4, 5, 6으로 나누어떨어지지 않는 수들이지요. 그 수들에는 도착 말을 놓지 않도록 합니다. 2. 도착 지점으로 정한 수의 분수만큼이 몇 칸인지 계산할 수 없는 경우 다음 사람에게 기회가 주어집니다. (예를 들어, 도착 지점이 32인데 주사위의 숫자가 3과 2가 나올 경우, 32의 $\frac{2}{3}$는 몇 칸을 이동할 수 있는지 알 수 없으므로 다음 사람에게 기회가 주어지게 됩니다.)

이렇게도 해 봐요!

1. 게임판을 더 길게 만들어서 활용할 수도 있어요.
2. 각자 도착 말을 놓는 곳을 다르게 정하여 게임을 할 수도 있어요.
3. 주사위를 굴려서 분수를 만드는 대신 분수 카드를 직접 만들어서 뒤집어 놓고 한 장씩 가져가면서 게임을 할 수도 있어요.

------ ✂ ------ 잘라서 쓰세요! ------

게임판

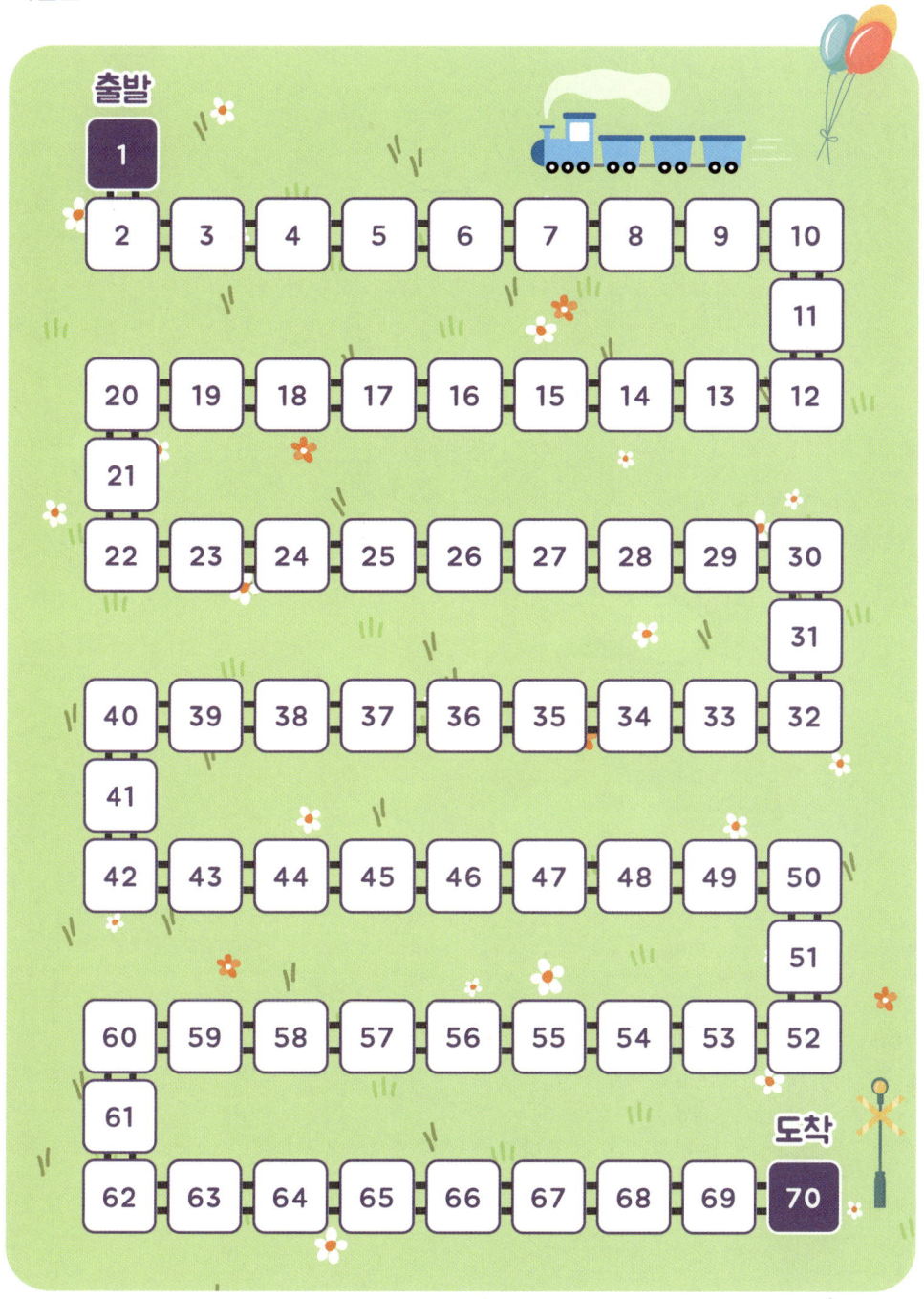

답과 풀이

📗 이야기 수학

1. 여러 가지 곱셈법

❶ 고대 이집트 사람들의 곱셈법 (12p 답)

도전 1

❶ 1, 2, 4, 8, 16의 합으로 25를 만들기 위해서는 1+8+16을 해야 합니다.

❷ 1, 2, 4, 8, 16의 합으로 30을 만들기 위해서는 2+4+8+16을 해야 합니다.

도전 2 (13p 답)

❶
12	1	V
24	2	
48	4	V

→ 12+48=60

❷
14	1	V
28	2	V
56	4	V
112	8	V

→ 14+28+112=154

❷ 인도의 겔로시아 곱셈법 (15p 답)

도전

❶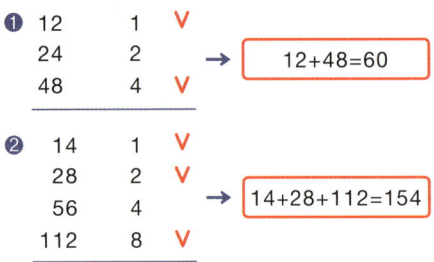

– 정답: 360

❷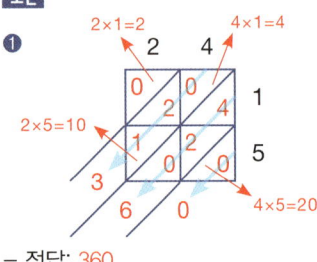

– 정답: 2352

2. 이항복을 따라해 보아요 (17p 답)

도전

❶ 420

(콩 한 봉지에 들어 있는 콩의 개수)=(A 그릇에 들어가는 콩의 개수)×(A 그릇에 콩을 담은 횟수)+(봉지에 남은 콩)
132×3+24=420

❷ 45

(콩 한 봉지에 들어 있는 콩의 개수)=(B 그릇에 들어가는 콩의 개수)×(B 그릇에 콩을 담은 횟수)+(봉지에 남은 콩)
(B 그릇에 들어가는 콩의 개수)×9+15=420
(B 그릇에 들어가는 콩의 개수)×9=405이므로 B 그릇에 들어가는 콩의 개수는 약 45개입니다.

❸ 4

(콩 한 봉지에 들어 있는 콩의 개수)=(C 그릇에 들어가는 콩의 개수)×(C 그릇에 콩을 담은 횟수)+(봉지에 남은 콩)
105×(C 그릇에 콩을 담은 횟수)+0=420
105×4=420이므로 C 그릇에 콩을 담은 횟수는 4번입니다.

3. 파스칼 삼각형에서 규칙을 찾아요 (19p 답)

도전 1

10+5=15, 21+35=56, 21+7=28

도전 2 (21p 답)

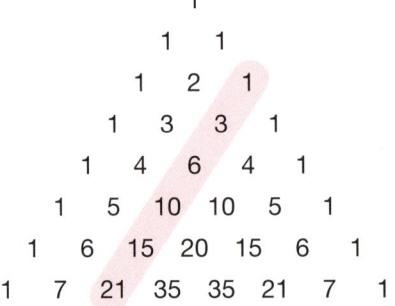

삼각수의 규칙은 1, 1+2, 1+2+3, 1+2+3+4 ······ 입니다. 따라서 삼각수는 1, 3, 6, 10, 15, 21 ······입니다.

도전 3 (22p 답)

〈풀이 1〉 두 번째 대각선의 수가 9이고 두 번째 대각선은 두 번째 줄부터 시작되므로 빈칸이 있는 줄은 열 번째 줄입니다.

세 번째 대각선의 수는 삼각수이고 세 번째 대각선은 세 번째 줄부터 시작되므로 8번째 삼각수를 구하면 됩니다.

1+2+3+4+5+6+7+8=36

파스칼 삼각형은 좌우 대칭이므로 오른쪽 빈칸의 수도 36이 됩니다.

〈풀이 2〉 빈칸이 있는 줄에는 수가 10개이므로 열 번째 줄입니다.

파스칼 삼각형의 아랫줄에 있는 수의 합은 윗줄에 있는 수의 합의 2배입니다.

1, 2, 4, 8, 16, 32, 64, 128, 256, 512

따라서 열 번째 줄의 수의 합은 512입니다.

(1+9+84+126)×2=220×2=440

512-440=72

파스칼 삼각형은 좌우 대칭이므로 72÷2를 하여 빈칸에 들어갈 수는 각각 36, 36입니다.

4. 호루스의 눈 (24p 답)

* 분자의 특징

예시) 분자는 모두 1입니다.

* 분모의 특징

예시) 분모가 모두 짝수입니다.

예시) 분모를 2배하면 그 다음 분수의 분모가 됩니다.

예시) 2, 2×2, 2×2×2, 2×2×2×2와 같이 모든 분모를 2 또는 2의 곱으로 나타낼 수 있습니다.

도전 1

① 분모의 규칙을 살펴보면 2×2=4, 4×2=8, 8×2=16, 16×2=32, 32×2=64이므로 그 다음에 올 분수의 분모는 64×2=128입니다. 따라서 그 다음에 올 분수는 $\frac{1}{128}$입니다.

② 128×2=256, 256×2=512, 512×2=1024이므로 열 번째에 올 분수는 $\frac{1}{1024}$입니다.

도전 2 (26p 답)

$\frac{1}{2}+\frac{1}{4}+\frac{1}{8}+\frac{1}{16}+\frac{1}{32}+\frac{1}{64}$의 값을 그림으로 나타낸 것을 살펴보면 모자라는 부분의 크기가 $\frac{1}{64}$과 같다는 것을 알 수 있습니다.

도전 3 (27p 답)

$$1 - \boxed{\frac{1}{64}} = \boxed{\frac{63}{64}}$$

$1-\frac{1}{64}=\frac{64}{64}-\frac{1}{64}=\frac{63}{64}$

5. 단위에 대하여

❶ 1999년, 우주선 사라지다 (29p 답)

도전 1

⇒ 척, 관, 홉은 우리나라에서 옛날에 사용했던 단위입니다.

⇒ 야드, 파운드, 갤런은 야드파운드법에서 사용하는 단위입니다.

⇒ 미터, 킬로그램, 리터는 미터법에서 사용하는 단위입니다.

도전 2

1피트=12인치이므로 3피트=36인치입니다.

1야드=3피트이므로 1야드=36인치입니다.

❷ 되로 주고 말로 받는다? (31p 답)

도전 1

'되로 주고 말로 받는다'라는 속담은 적은 것을 주고 더 많은 것을 받는다는 뜻이므로 앞보다 뒤를 더 큰 단위로 바꾸어 주면 됩니다.

예시) 홉으로 주고 말로 받는다.

예시) 홉으로 주고 섬으로 받는다.

예시) 되로 주고 섬으로 받는다.

예시) 말로 주고 섬으로 받는다.

도전 2

약 3 L 600 mL

1800 mL+1800 mL=3600 mL=3 L 600 mL

도전 3

약 720 L

1섬은 10말과 같고 10말은 약 180 L이므로 1섬은 약 180L입니다.
180×4=720이므로 4섬은 약 720 L입니다.

🟥 학교 수학

1. 사칙 연산 탐구하기

❶ 덧셈 (34p 답)

도전 1

```
    7
  6 ₆ 5
    3 4 9
  + 3 2 6
  -------
    6 7 5
```

```
      9
    7 ₈ 7
    4 7 8
  + 3 1 9
  -------
    7 9 7
```

도전 2 (35p 답)

```
    3 4 9
  + 3 2 6
  -------
    6 0 0
      6 0
      1 5
  -------
    6 7 5
```

```
    4 7 8
  + 3 1 9
  -------
    7 0 0
      8 0
      1 7
  -------
    7 9 7
```

도전 3 (36p 답)

```
    3 4 9
  + 3 2 6
  -------
    3 5 0
    3 2 5
  -------
    6 7 5
```

```
    4 7 8
  + 3 1 9
  -------
    4 8 0
    3 1 7
  -------
    7 9 7
```

이외에도 더해 주고 빼 준 수에 따라 여러 가지 식이 나올 수 있습니다.

❷ 뺄셈

도전 1 (37p 답)

```
      1 1
    5 2 5
  - 1 7 6
  -------
    3 4 9
```

```
      1 1
    7 5 7
  - 3 6 9
  -------
    3 8 8
```

도전 2 (38p 답)

```
    4 11 10
    5̸ 2̸ 5
  - 1  7 6
  --------
    3  4 9
```

$525 = 400+110+15$
　　　　↓　　↓　　↓
$176 = 100+70+6$

```
    6 14 10
    7  5  7           757 = 600+140+17
  -    3 6 9           ↓    ↓   ↓
  ─────────           369 = 300+ 60+9
    3  8  8
```

도전 3 (39p 답)

```
    5 2 5        5 2 9         5 4 9
  - 1 7 6  →   - 1 8 0   →   - 2 0 0
  ───────      ───────       ───────
                                3 4 9

    7 5 7        7 5 8         7 8 8
  - 3 6 9  →   - 3 7 0   →   - 4 0 0
  ───────      ───────       ───────
                                3 8 8
```

도전 4 (42p 답)

```
    5 2 5              7 5 7
  - 1 7 6            - 3 6 9
  ───────            ───────
        4                  1
      2 0                3 0
    3 0 0              3 0 0
      2 5                5 7
  ───────            ───────
    3 4 9              3 8 8
```

❸ 곱셈 (46p 답)

도전 1

7×5=35, 8×5=400이므로 15×5=35+40=75입니다.

도전 2

10×10=100, 6×10=60, 16×1=16이므로 16×11=100+60+16=176입니다.

❹ 나눗셈 (47p 답)

1 12÷3=4
  12÷4=3
  12÷7=1…5
  12÷10=1…2

2 나머지가 없는 경우 똑같이 나누어 가질 수 있으므로 1명, 2명, 3명, 4명, 6명, 12명입니다.

도전 (48p 답)

❶ 초콜릿바 12개를 8명이 똑같이 나누어 먹으면 각각 한 개씩 먹고 4개가 남습니다. 이 남은 4개를 반으로 쪼개면 $\frac{1}{2}$개씩 8조각이 되므로 한 사람당 $\frac{1}{2}$개씩을 더 먹을 수 있습니다. 따라서 한 사람당 $1\frac{1}{2}$개씩 나누어 먹으면 됩니다.

$\frac{1}{2}$개씩 8조각

❷ 초콜릿바 12개를 9명이 똑같이 나누어 먹으면 각각 한 개씩 먹고 3개가 남습니다. 이 남은 3개를 각각 똑같이 세 조각으로 나누면 $\frac{1}{3}$개씩 9조각이 되므로 한 사람당 $\frac{1}{3}$개씩을 더 먹을 수 있습니다. 따라서 한 사람당 $1\frac{1}{3}$개씩 나누어 먹으면 됩니다.

2. 도형 만들기 (50p 답)

도전

❶ 예시 답안

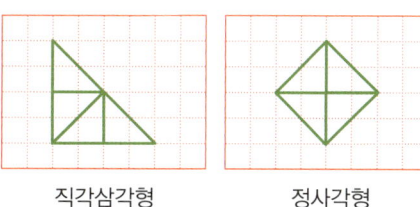

직각삼각형   정사각형

❷ 예시 답안

❸ 예시 답안 (51p 답)

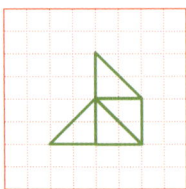

❹ 예시 답안

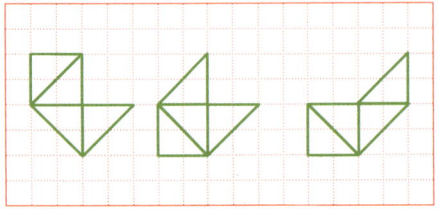

3. 들이의 합과 차 (52p 답)

(4) C 물통의 물을 A 물통에 담아요.
(7) B 물통의 물을 C 물통에 가득 담아요.
(8) C 물통의 물을 A 물통에 담아요.

물의 양	A	B	C
(1)	0	10 L 200 mL−2 L 400 mL =7 L 800 mL	2 L 400 mL
(2)	2 L 400 mL	7 L 800 mL	0
(3)	2 L 400 mL	7 L 800 mL−2 L 400 mL =5 L 400 mL	2 L 400 mL
(4)	2 L 400 mL+1 L 800 mL =4 L 200 mL	5 L 400 mL	2 L 400 mL −1 L 800 mL =600 mL
(5)	0	5 L 400 mL +4 L 200 mL =9 L 600 mL	600 mL
(6)	600 mL	9 L 600 mL	0
(7)	600 mL	9 L 600 mL −2 L 400 mL =7 L 200 mL	2 L 400 mL
(8)	600 mL +2 L 400 mL =3 L	7 L 200 mL	0

도전 (53p 답)

C 물통의 물을 B 물통에 담고, B 물통의 물을 A 물통에 담습니다.

A : 1 L 200 mL
B : 2 L 800 mL−1 L 200 mL=1 L 600 mL
C : 6 L 500 mL−2 L 800 mL=3 L 700 mL

A 물통의 물을 C 물통에 담고, B 물통의 물을 A 물통에 담습니다.

A : 1 L 200 mL
B : 1 L 600 mL−1 L 200 mL=400 mL
C : 3 L 700 mL+1 L 200 mL=4 L 900 mL

다시 한번 A 물통의 물을 C 물통에 담고, B 물통의 물을 A 물통에 담습니다.

A : 400 mL
B : 0
C : 4 L 900 mL+1 L 200 mL=6 L 100 mL

C 물통의 물을 B 물통에 넣고 B 물통의 물을 A 물통에 넣습니다.

A : 1 L 200 mL
B : 2 L 800 mL−800 mL=2 L
C : 6 L 100 mL−2 L 800 mL=3 L 300 mL

다른 방법으로 해결할 수도 있습니다.

4. 재미있는 수학 동시 (54p 답)

도전 l

$\frac{1}{4}$은 전체를 똑같이 4로 나눈 것 중의 1입니다.

$\frac{2}{4}$는 전체를 똑같이 4로 나눈 것 중의 2입니다.

따라서 $\frac{1}{4}+\frac{2}{4}$를 하면 전체를 똑같이 4로 나눈 것 중의 3이 되기 때문에 분모는 변하지 않고 분자는 커지게 됩니다.

도전 2 (55p 답)

8개를 2개씩 묶으면 4묶음이 되기 때문입니다.

8개를 2개의 묶음으로 나누면 한 묶음에 4개씩 넣을 수 있기 때문입니다.

도전 3

8을 반으로 나누면 (~~8~~) 0이 나오고, 18을 반으로 나누면 (~~18~~) 10이 나오기 때문입니다.
정답은 없습니다. 다양하고 재미있게 여러 가지 생각을 해 보세요.

🟧 추론 수학

1. 연속한 수의 합

❶ 연속한 세 수의 합 (58p 답)

도전

(연속한 세 수의 합)÷3=(가운데 수)이므로 (가운데 수)는 84÷3=28이 됩니다.
따라서 연속한 세 수는 27, 28, 29입니다.

❷ 연속한 여러 수의 합 (60p 답)

도전 1
$(10+13) \times 4 \div 2 = 46$

도전 2
$(5+10) \times 6 \div 2 = 45$

도전 3 (61p 답)
$(1+60) \times 30 = 61 \times 30 = 1830$

2. 모두 몇 개일까요? (63p 답)

❶ 각은 모두 몇 개일까요?

도전 1
$4+3+2+1=10$(개)
$5+4+3+2+1=15$(개)

도전 2 (64p 답)
$50+49+48+\cdots\cdots+3+2+1=1275$(개)
$50+49+48+\cdots\cdots+3+2+1$
$=(50+1)+(49+2)+(48+3)+\cdots\cdots+(26+25)$
$=51 \times 25 = 1275$(개)

$70+69+68+\cdots\cdots+3+2+1=2485$(개)
$70+69+68+\cdots\cdots+3+2+1$
$=(70+1)+(69+2)+(68+3)+\cdots\cdots+(36+35)$
$=71 \times 35 = 2485$(개)

❷ 정사각형은 모두 몇 개일까요? (66p 답)

도전

정사각형이 10개일 때 찾을 수 있는 정사각형은 큰 정사각형 10개, 작은 정사각형 $1+3+3+3+3+3+3+3=1+3\times 8=25$(개)로 $10+25=35$(개)입니다.

3. 수를 찾아요

❶ 가면 속에 숨어 있는 수는? (67p 답)

도전 1

5+🦊=8이므로 🦊=3입니다. 🦊가 3이므로 백의 자리의 숫자의 합을 살펴보면 십의 자리에서 받아올림을 해 주어야 합니다. 따라서 🐸+🐸의 값이 14가 되어야 하고, 🐸=7이 됩니다.

도전 2 (68p 답)

8-🦊=🦊가 되려면 🦊의 값은 4 또는 9가 되어야 합니다. 9는 식에 있으므로 🦊=4입니다. 13-4=9이므로 🐸=3입니다.

도전 3

🐱×3의 일의 자리의 숫자가 🐱가 되려면 🐱의 값은 0 또는 5가 되어야 합니다. 🦊×🦊=🦊가 되어야 하므로 🦊=1입니다. 🐱=0일 경우 10×13을 계산하면 🐶와 🐸가 3이 되어 문제의 조건에 맞지 않습니다. 🐱=5일 경우, 15×13을 계산하면 문제의 조건과 맞습니다. 따라서 🦊=1, 🐱=5, 🐶=4, 🐸=9가 됩니다.

도전 4

식을 곱셈식으로 바꾸면 🐱×6=🐶🐱가 됩니다. 🐱×6의 값의 일의 자리의 숫자가 🐱가 되려면 🐱의 값은 0, 2, 4, 6, 8 중의 하나입니다. 🐱에 각 숫자를 넣어 보면 🐱=2, 🐶=5가 됩니다.

❷ 비밀번호 찾기 (69p 답)

도전 1

4⊙3=4+3+4=11

9⊙8=9+8+9=26

25⊙8=25+8+25=58이므로 A=5, B=8

A⊙B=5⊙8=5+8+5=18이므로 C=1

따라서 비밀번호는 5818입니다.

도전 2 (70p 답)

85◆30=85−30−30=25

60◆10=60−10−10=40

100◆21=100−21−21=58이므로 A=5, B=8

37◆A=37◆5=37−5−5=27이므로 C=2, D=7

따라서 비밀번호는 5827입니다.

도전 3

2◐3=2×3×2=12

4◐7=4×7×4=112

12◐5=12×5×12=720이므로 A=7, B=2

A◐B=7◐2=7×2×7=98이므로 C=9, D=8

따라서 비밀번호는 7298입니다.

도전 4

8▨2=8÷2÷2=2

25▨5=25÷5÷5=1

80▨2=80÷2÷2=20이므로 A=2, B=0

99▨3=99÷3÷3=11이므로 C=1

따라서 비밀번호는 2011입니다.

❸ 나는 누구일까요? (71p 답)

도전 1

일의 자리의 숫자가 4이고 일의 자리의 숫자가 십의 자리의 숫자보다 큰 두 자리 수는 14, 24, 34입니다. 이 중에서 6으로 나누어떨어지는 수는 24입니다.

도전 2

백의 자리의 숫자는 2입니다. 이 수에 3을 곱하면 일의 자리의 숫자가 9가 되므로 이 수의 일의 자리의 숫자는 3입니다.

2□3−15의 백의 자리의 숫자가 1이 되려면 □3의 값이 15보다 작아야 하므로 2□3의 값은 203 또는 213이 되어야 합니다.

이 수에는 1이 들어가지 않는다고 하였으므로 정답은 203입니다.

도전 3 (72p 답)

백의 자리의 숫자는 4입니다. 4□○+4□○를 했을 때 일의 자리의 숫자가 0이 되려면 ○의 값은 0 또는 5가 되어야 합니다. 일의 자리의 숫자와 십의 자리의 숫자가 다르다고 하였으므로 ○=0일 경우 □의 값은 5가 됩니다. ○=5일 경우 □+□+1의 값이 10이 되어야 하는데 10이 될 수 없습니다. 따라서 정답은 450입니다.

도전 4

일의 자리의 숫자는 1입니다. 이 수에 2를 곱한 값의 일의 자리의 숫자와 십의 자리의 숫자는 2입니다. 이 수에 2를 곱한 값의 백의 자리의 숫자는 십의 자리의 숫자보다 5 크므로 2+5=7입니다. 이 수에 2를 곱한 값의 백의 자리의 숫자는 홀수(7)이므로 2를 곱할 때 십의 자리에서 받아올림이 있다는 것입니다. 따라서 이 수의 십의 자리의 숫자는 1이 아니라 6이 되고 6÷2=3이므로 정답은 361입니다.

도전 5

각 자리의 숫자는 서로 다른 짝수이므로 8은 백의 자리의 숫자와 일의 자리의 숫자가 될 수 없습니다. 백의 자리의 숫자가 일의 자리의 숫자보다 작으므로 백의 자리의 숫자와 일의 자리의 숫자가 될 수 있는 수는 2와 4, 2와 6, 4와 6이고 만들 수 있는 세 자리 수는 284, 286, 486입니다. 이 중에서 각 자리의 숫자의 합이 18인 수는 486입니다.

❹ 분수 막대를 이용하여 값을 찾아요 (74p 답)

도전 1

① 분수 막대를 살펴보면 $\frac{1}{4}=\frac{1}{8}+\frac{1}{8}$과 같으므로 A의 값은 8이 됩니다.

② $\frac{1}{4}=\frac{1}{8}+\frac{1}{8}$이고 $\frac{1}{8}=\frac{1}{16}+\frac{1}{16}$이므로 $\frac{1}{4}=\frac{1}{8}+\frac{1}{16}+\frac{1}{16}$입니다. 따라서 A=8, B=16입니다.

③ $\frac{1}{2}=\frac{1}{4}+\frac{1}{4}$이고 $\frac{1}{4}=\frac{1}{8}+\frac{1}{8}$이므로 $\frac{1}{2}=\frac{1}{4}+\frac{1}{8}+\frac{1}{8}$로 나타낼 수 있습니다.
$\frac{1}{4}=\frac{1}{8}+\frac{1}{8}$이고 $\frac{1}{8}=\frac{1}{16}+\frac{1}{16}$이므로 $\frac{1}{2}=\frac{1}{8}+\frac{1}{8}+\frac{1}{16}+\frac{1}{16}+\frac{1}{16}+\frac{1}{16}$로 나타낼 수 있습니다. 따라서 A=8, B=16입니다.

도전 2

① 분수 막대를 살펴보면 $\frac{1}{8}=\frac{1}{4}-\frac{1}{8}$이므로 A=4, B=8입니다.

② $\frac{1}{4}=\frac{1}{2}-\frac{1}{4}$이고 $\frac{1}{4}=\frac{1}{8}+\frac{1}{8}$이므로 $\frac{1}{2}$에서 $\frac{1}{4}$을 한 번 빼는 것 대신 $\frac{1}{8}$을 두 번 뺄 수도 있습니다. 따라서 $\frac{1}{4}=\frac{1}{2}-\frac{1}{8}-\frac{1}{8}$이 되고 A=2, B=8이 됩니다.

③ $\frac{1}{8}=\frac{1}{4}-\frac{1}{8}$이고 $\frac{1}{8}=\frac{1}{16}+\frac{1}{16}$이므로 $\frac{1}{4}$에서 $\frac{1}{8}$을 한 번 빼는 것 대신 $\frac{1}{16}$을 두 번 뺄 수도 있습니다. 따라서 $\frac{1}{8}=\frac{1}{4}-\frac{1}{16}-\frac{1}{16}$이 되고 A=4, B=16이 됩니다.

④ ❷번 문제에서 $\frac{1}{4}=\frac{1}{2}-\frac{1}{8}-\frac{1}{8}$이라고 하였습니다. $\frac{1}{8}=\frac{1}{16}+\frac{1}{16}$이므로 $\frac{1}{8}$을 한 번 빼는 것 대신 $\frac{1}{16}$을 두 번 뺄 수도 있습니다. 따라서 $\frac{1}{4}=\frac{1}{2}-\frac{1}{8}-\frac{1}{16}-\frac{1}{16}$이 되고 A=2, B=8, C=16이 됩니다.

4. 논리적으로 추리해요

❶ 가장 옳게 말한 사람은 누구? (77p 답)

도전 1

18을 5로 나누면 나머지가 3이므로, 18+2의 값인 20은 5로 나누어떨어집니다. 경수, 은선, 경미의 말도 모두 옳지만 주어진 설명과 관련하여 가장 옳게 말한 사람은 혜린입니다.

도전 2

60, 50, 40, 30, 20, 10은 모두 일의 자리의 숫자가 0인 수입니다. 따라서 주어진 설명을 통해 알 수 있는 사실은 일의 자리의 숫자가 0인 수는 5로 나누어떨어진다는 것입니다. 혜린, 은선, 경미의 말도 모두 옳지만 주어진 설명과 관련하여 가장 옳게 말한 사람은 경수입니다.

도전 3

8로 나누어떨어지는 수는 4로도 나누어떨어지고, 72는 8로 나누어떨어지는 수이므로 4로도 나누어떨어집니다. 경수, 혜린, 은선이의 말도 모두 옳지만 주어진 설명과 관련하여 가장 옳게 말한 사람은 경미입니다.

❷ 표를 이용하여 해결해요 (78p 답)

	은숙	정훈	수영	연서
300원	X	O	X	X
400원	X	X	O	X
500원	O	X	X	X
600원	X	X	X	O

도전 1 (79p 답)

	민수	해주	은정	정민
3	O	X	X	X
5	X	X	X	O
6	X	X	O	X
8	X	O	X	X

민수의 숫자 카드는 3, 해주의 숫자 카드는 8, 은정의 숫자 카드는 6, 정민의 숫자 카드는 5 입니다.

해주와 은정이는 짝수를 가지고 있으므로 해주와 은정이가 가지고 있는 수는 3, 5가 아닙니다.(해주, 3, 5, X, X, 은정, 3, 5, X, X)

정민이가 가지고 있는 수는 가장 작은 수가 아니므로 3이 아닙니다.(정민, 3, X)

따라서 민수가 가지고 있는 숫자 카드가 3이 되고 정민이가 가지고 있는 숫자 카드는 5가 됩니다. 은정이가 가지고 있는 수는 해주보다 작으므로 은정이가 가지고 있는 숫자 카드는 6, 해주가 가지고 있는 숫자 카드는 8이 됩니다.

도전 2 (80p 답)

	A	B	C	D	100원	300원	400원	500원
머리핀	O	X	X	X	X	X	X	O
부채	X	O	X	X	X	O	X	X
연필	X	X	O	X	O	X	X	X
장난감	X	X	X	O	X	X	O	X

A가 산 물건은 머리핀, B가 산 물건은 부채, C가 산 물건은 연필, D가 산 물건은 장난감 입니다. 머리핀은 500 원, 부채는 300 원, 연필은 100 원, 장난감은 400 원입니다.

400원 하는 장난감은 D가 샀습니다. C는 연필 아니면 장난감을 샀다고 했는데 장난감은 D가 샀으므로 C는 연필을 샀습니다. 부채는 연필보다 비싸고 장난감보다 싸므로 100원, 500원은 아닙니다. 따라서 부채는 300원입니다.

A는 가장 비싼 물건을 샀으므로 부채와 연필은 사지 않았습니다. 따라서 A가 산 물건은 머리핀이고 머리핀은 500원입니다. 따라서 B가 산 물건은 부채가 되고 연필의 값은 100원이 됩니다.

❌ 다답 수학

1. 세 자리 수의 덧셈 만들기 (85p 답)

도전 1

300+20+17=337

도전 2 (86p 답)

① 108+229   ② 109+228
1. 129+208   2. 208+129
3. 118+219   4. 209+128
5. 119+218   6. 218+119
7. 128+209   8. 219+118
9. 228+109   10. 229+108

백의 자리의 숫자가 3이 되려면 백의 자리의 숫자는 1+2 또는 2+1이 되어야 합니다. 0+3 또한 3이지만, 세 자리 수의 덧셈이므로 백의 자리에 0이 올 수 없습니다.

십의 자리의 숫자는 0+2, 1+1, 2+0이 되어야 합니다.

일의 자리의 숫자는 8+9, 9+8이 되어야 합니다.

| 108+229 | 109+228 | 118+219 | 119+218 |

128+209	129+208	208+129	209+128
218+119	219+118	228+109	229+108

2. 식 만들기 (88p 답)

도전 1

107+298	108+297	130+275	135+270
137+268	138+267	140+265	145+260
146+259	147+258	148+257	149+256
156+249	157+248	158+247	159+246
160+245	165+240	167+238	168+237
170+235	175+230	197+208	198+207

(위의 덧셈식의 순서를 뒤바꾼 식도 정답)

도전 2

926−103	927−104	928−105	943−120
946−123	948−125	950−127	957−134
960−137	963−140	965−142	968−145
973−150	976−153	980−157	983−160
985−162	987−164		

도전 3

18÷6=3	30÷6=5	42÷6=7	54÷6=9

도전 4

12×4=48	13×4=52	14×4=56	15×4=60
17×4=68	18×4=72	19×4=76	21×4=84
24×4=96			

3. 나눗셈의 의미

❶ 알쏭달쏭 아이스크림 나누기 (90p 답)

1 모두 옳습니다.

2 나눗셈에는 두 가지 의미가 있습니다. 어떤 수를 똑같이 나누었을 때 한 부분의 크기를 나타내는 것과 어떤 수 안에 같은 양이 몇 번 들어가는지를 나타내는 것입니다. 따라서 엄마와 아빠 모두 옳습니다.

도전 1 (91p 답)

(예시 답안)

12 ÷ (3) = (4)

엄마 : 아이스크림 12개를 3명에게 나누어 준다고? 그럼 한 사람이 4개씩 먹게 되니까 더 많은 사람에게 나누어 주면 좋겠네.

아빠 : 아이스크림 12개를 3개씩 나누어 준다고? 그럼 4명이 나누어 먹을 수 있겠구나.

❷ 송희와 서형이의 도넛 나누기 (92p 답)

도전 1

12÷12=1을 보면 도넛 12개를 12명이 나누어 먹으면 한 사람이 1개씩 먹게 되잖아. 도넛 12개를 24명이 나누어 먹으면 도넛을 반씩 먹을 수 있어. 그러니까 $12÷24=\dfrac{1}{2}$이 되는 거야.

도전 2 (93p 답)

$12÷36=\dfrac{1}{3}$, $12÷48=\dfrac{1}{4}$, $12÷60=\dfrac{1}{5}$ …… 등의 식을 쓸 수 있습니다.

4. 분수의 크기

❶ 분수만큼 색칠하기 (94p 답)

도전 1

도전 2 (95p 답)

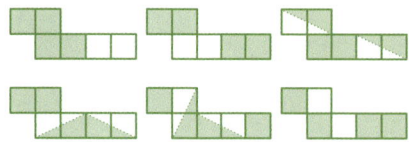

도전 3

도전 4

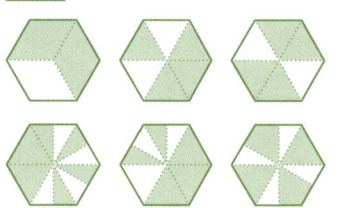

❷ 분수의 크기 비교하기 (96p 답)

도전 1

(예시 답안)

$\frac{1}{8}<\frac{1}{6}$ $\frac{1}{8}<\frac{1}{4}$ $\frac{1}{8}<\frac{1}{3}$ $\frac{1}{8}<\frac{1}{2}$

$\frac{1}{4}<\frac{1}{2}$ $\frac{1}{8}<\frac{3}{8}$ $\frac{3}{8}<\frac{5}{8}$

$\frac{1}{6}<\frac{3}{6}$ $\frac{3}{6}<\frac{5}{6}$ $\frac{3}{5}<\frac{5}{5}$ $\frac{5}{8}<\frac{5}{6}$

$\frac{5}{6}<\frac{5}{5}$ $\frac{3}{8}<\frac{3}{5}$ $\frac{3}{5}<\frac{3}{4}$

도전 2

(예시 답안)

$\frac{1}{8}<\frac{1}{6}<\frac{1}{4}$ $\frac{1}{8}<\frac{1}{6}<\frac{1}{3}$ $\frac{1}{8}<\frac{1}{6}<\frac{1}{2}$

$\frac{1}{6}<\frac{1}{4}<\frac{1}{3}$ $\frac{1}{8}<\frac{3}{8}<\frac{5}{8}$

$\frac{1}{8}<\frac{5}{8}<\frac{7}{8}$ $\frac{1}{6}<\frac{3}{6}<\frac{5}{6}$ $\frac{2}{5}<\frac{3}{5}<\frac{4}{5}$

$\frac{5}{8}<\frac{5}{6}<\frac{5}{5}$ $\frac{3}{8}<\frac{3}{5}<\frac{3}{4}$

도전 3

(예시 답안)

$\frac{1}{8}<\frac{1}{6}<\frac{1}{4}<\frac{1}{3}$ $\frac{1}{8}<\frac{1}{6}<\frac{1}{4}<\frac{1}{2}$

$\frac{1}{8}<\frac{1}{4}<\frac{1}{3}<\frac{1}{2}$ $\frac{1}{6}<\frac{1}{4}<\frac{1}{3}<\frac{1}{2}$

$\frac{1}{8}<\frac{3}{8}<\frac{5}{8}<\frac{7}{8}$ $\frac{2}{5}<\frac{3}{5}<\frac{4}{5}<\frac{5}{5}$

$\frac{3}{8}<\frac{3}{6}<\frac{3}{5}<\frac{3}{4}$ $\frac{1}{8}<\frac{3}{8}<\frac{3}{5}<\frac{3}{4}$

- $\frac{1}{2}=\frac{2}{4}=\frac{3}{6}$ 이므로 $\frac{1}{2}$ 대신 $\frac{2}{4}$, $\frac{3}{6}$을, $\frac{2}{4}$ 대신 $\frac{1}{2}$, $\frac{3}{6}$을, $\frac{3}{6}$ 대신 $\frac{1}{2}$, $\frac{2}{4}$를 써넣어도 됩니다.

도전 4

(예시 답안)

$\frac{1}{8}<\frac{1}{6}<\frac{1}{4}<\frac{1}{3}<\frac{1}{2}$ $\frac{1}{8}<\frac{1}{6}<\frac{1}{4}<\frac{2}{4}$

$\frac{1}{8}<\frac{1}{6}<\frac{1}{4}<\frac{3}{6}$ $\frac{1}{8}<\frac{3}{8}<\frac{3}{6}<\frac{3}{5}<\frac{3}{4}$

$\frac{1}{8}<\frac{3}{8}<\frac{5}{8}<\frac{5}{6}<\frac{5}{5}$

❸ 같은 양을 여러 방법으로 표현하기 (97p 답)

도전 1

(예시 답안)

$1\frac{3}{6}$ $1+\frac{3}{6}$ $1+\frac{2}{6}+\frac{1}{6}$

$1+\frac{1}{3}+\frac{1}{6}$ 1개, $\frac{1}{2}$의 $\frac{2}{3}$개, $\frac{1}{2}$의 $\frac{1}{3}$개

$1+\frac{1}{2}$ 1개, $\frac{2}{6}$개, $\frac{2}{6}$의 반 개

도전 2

(예시 답안)

$\frac{1}{2}+\frac{1}{4}$ $\frac{1}{2}$, $\frac{1}{2}$의 $\frac{1}{2}$

$\frac{1}{2}$개, $\frac{1}{2}$의 반 개 $\frac{1}{2}$개, $\frac{2}{4}$의 반 개

$(1-\frac{1}{2})+\frac{1}{4}$ $\frac{1}{2}$개, $\frac{3}{4}$의 $\frac{1}{3}$개

도전 3

(예시 답안)

$\frac{1}{2}+\frac{1}{4}+\frac{1}{4}$ $\frac{1}{2}+\frac{1}{2}$

$\frac{1}{2}+\frac{2}{4}$ $\frac{1}{2}$개, $\frac{1}{4}$개 $\frac{1}{2}$의 반 개

$(1-\frac{1}{2})+(1-\frac{2}{4})$ $\frac{1}{2}$개, $\frac{1}{2}$의 반 개, $\frac{1}{2}$의 반 개

5. 무게의 합과 차 (98p 답)

도전 1

멜론의 무게: 1000+300=1300 (g)

수박의 무게: 1300+800=2100 (g)

과자의 무게: 1300−600=700 (g)

옥수수의 무게: 1000−100=900 (g)

(예시 답안)

> 수미가 <u>수박, 과자</u> 를 들고 가고
> 연서가 <u>멜론, 옥수수, 밀가루</u> 를 들고 가면,
> <u>연서</u> 가 <u>400</u> g 더 들고 가게 됩니다.

수박+과자=2100+700=2800 (g)

멜론+옥수수+밀가루
=1300+900+1000=3200 (g)

3200−2800=400이므로 연서가 400 g 더 들고 가게 됩니다.

> 수미가 <u>수박, 멜론</u> 를 들고 가고
> 연서가 <u>과자, 옥수수, 밀가루</u> 를 들고 가면,
> <u>수미</u> 가 <u>800</u> g 더 들고 가게 됩니다.

수박+멜론=2100+1300=3400 (g)

과자+옥수수+밀가루
=700+900+1000=2600 (g)

3400−2600=800이므로 수미가 800 g 더 들고 가게 됩니다.

> 수미가 <u>수박, 과자, 옥수수</u> 를 들고 가고
> 연서가 <u>밀가루, 멜론</u> 를 들고 가면,
> <u>수미</u> 가 <u>1400</u> g 더 들고 가게 됩니다.

수박+과자+옥수수
=2100+700+900=3700 (g)

밀가루+멜론=1000+1300=2300 (g)

3700−2300=1400이므로 수미가 1400 g 더 들고 가게 됩니다.

도전 2 (99p 답)

수박은 2100 g, 멜론은 1300 g, 밀가루는 1000 g, 옥수수는 900 g, 과자는 700g입니다.

(예시 답안)

❶ 수박+과자(2800 g) 〉 멜론+옥수수(2200 g) 〉 밀가루(1000 g)

❷ 수박+과자(2800 g) 〉 옥수수+밀가루(1900 g) 〉 멜론(1300 g)

❸ 멜론+밀가루(2300 g) 〉 수박(2100 g) 〉 과자+옥수수(1600 g)

❹ 멜론+옥수수(2200 g) 〉 수박(2100 g) 〉 밀가루+과자(1700 g)

❺ 수박(2100 g) 〉 멜론+과자(2000 g) 〉 밀가루+옥수수(1900 g)

❻ 멜론+옥수수+과자(2900 g) 〉 수박(2100 g) 〉 밀가루(1000 g)

❼ 밀가루+옥수수+과자(2600 g) 〉 수박(2100 g) 〉 멜론(1300 g)

퍼즐·게임 수학

1. 알파벳 퍼즐

❶ 신비한 V 퍼즐 (104p 답)

도전 1

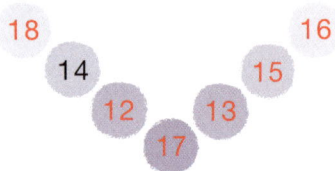

17을 제외한 각 줄에 있는 수의 위치는 바뀌어도 됩니다.

도전 2 (105p 답)

❶
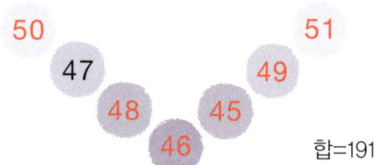 합=191

46을 제외한 각 줄에 있는 수의 위치는 바뀌어도 됩니다.

❷
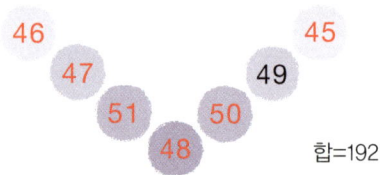 합=192

48을 제외한 각 줄에 있는 수의 위치는 바뀌어도 됩니다.

❷ 신비한 H 퍼즐 (108p 답)

도전 1

18과 19의 위치는 바뀌어도 됩니다.

도전 2

❶
 합=158

53과 54의 위치는 바뀌어도 됩니다.

❷

 합=160

52과 55의 위치는 바뀌어도 됩니다.

2. 네모네모 곱셈 퍼즐 (110p 답)

도전 1

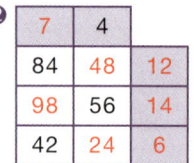

❶
	2	7
54	189	27
12	42	6
36	126	18

❷
	7	4
84	48	12
98	56	14
42	24	6

❸

	12	21	
84	147	7	
36	63	3	
60	105	5	

❹

	12	47	
36	141	3	
216	846	18	
24	94	2	

❺

	24	22	
264	242	11	
48	44	2	
360	330	15	

❻

	3	19	
108	684	36	
72	456	24	
6	38	2	

도전 2

❶

	19	24	14	
95	120	70	5	
38	48	28	2	
171	216	126	9	
57	72	42	3	
133	168	98	7	
76	96	56	4	
247	312	182	13	

❷

	4	9	3	2	6	
84	189	63	42	126	21	
116	261	87	58	174	29	
40	90	30	20	60	10	
48	108	36	24	72	12	
164	369	123	82	246	41	

초판 1쇄 인쇄 2020년 9월 18일
초판 1쇄 발행 2020년 9월 25일

글쓴이 어린이를 위한 수학교육연구회 김진호, 홍은숙

발행인 양원석
책임편집 조시연
디자인 신자용
영업마케팅 윤우성, 박소정
펴낸 곳 ㈜알에이치코리아
주소 서울시 금천구 가산디지털2로 53, 20층 (가산동, 한라시그마밸리)
편집문의 02-6443-8921 **도서문의** 02-6443-8800
등록 2004년 1월 15일 제2-3726호

ⓒ 김진호·홍은숙, 2020

어린이제품 안전특별법 표시 사항
제품명 도서 | **제조자명** ㈜알에이치코리아 | **제조국명** 대한민국 | **전화번호** 02)6443-8800
주소 서울시 금천구 가산디지털2로 53, 20층(한라시그마밸리)

ISBN 978-89-255-8980-0 (74410)
ISBN 978-89-255-6461-6 (세트)

※ 책값은 뒤표지에 있습니다.
※ 맞춤법과 띄어쓰기는 국립국어원의 기준에 따랐습니다.
※ 잘못된 책은 구입하신 곳에서 바꾸어 드립니다.
⚠ 책 모서리가 날카로워 다칠 수 있으니 사람을 향해 던지거나 떨어뜨리지 마십시오.

알에이치코리아 홈페이지와 블로그, SNS에서 자사 도서에 대한 더 많은 정보와 이벤트 혜택을 확인할 수 있으며, 전자책도 만나볼 수 있습니다.
홈페이지 http://rhk.co.kr | http://ebook.rhk.co.kr 페이스북 https://www.facebook.com/rhk.co.kr
블로그 http://randomhouse1.blog.me 유튜브 http://www.youtube.com/randomhousekorea
주니어RHK 포스트 https://post.naver.com/junior_rhk 인스타그램 @junior_rhk